GRAMÁTICA
GRAMMAR

GRAMÁTICA GRAMMAR

Un estudio comparativo de la gramática española e inglesa

José Francisco Méndez Bravo

Número de Control de la Biblioteca del Congreso de EE. UU.:   2021903694
ISBN: Tapa Dura   978-1-5065-3628-6
                   Tapa Blanda   978-1-5065-3627-9
                   Libro Electrónico   978-1-5065-3626-2

Información de la imprenta disponible en la última página.

Fecha de revisión: 09/08/2021

Para realizar pedidos de este libro, contacte con:
Palibrio
1663 Liberty Drive, Suite 200
Bloomington, IN 47403
Gratis desde EE. UU. al 877.407.5847
Gratis desde México al 01.800.288.2243
Gratis desde España al 900.866.949
Desde otro país al +1.812.671.9757
Fax: 01.812.355.1576
ventas@palibrio.com
826594

ÍNDICE

Agradecimientos para:

José Antonio Hernández Pacheco
y para **Abel Saavedra Ángel.**

Amigos y compañeros de trabajo quienes me ayudaron en la revisión de la parte de gramática española e inglesa respectivamente.

Gracias por sus sugerencias, comentarios, su tiempo y en especial, por compartir sus conocimientos conmigo.

Y por supuesto, para mis alumnos.

Nota:

En septiembre de 1992 salió a la luz en la ciudad de León, Gto. la primera edición de este libro; agradezco a las personas que adquirieron una copia del texto, muchos de ellos fueron mis alumnos, espero que este trabajo les haya ayudado a sobrepasar los problemas a los que se enfrenta cualquier estudiante cuando se propone aprender una nueva lengua, inglés, en este caso.

La finalidad de este trabajo es ser un libro de consulta, surgió principalmente debido a los cuestionamientos de mis estudiantes, lo que me obligo a preguntar, investigar y estudiar; les gradezco infinitamente y este trabajo es el resultado de esas inquietudes. Espero que esta segunda edición cumpla su cometido y que sirva de apoyo para todos aquellos que desean comprender mejor tanto su propia lengua como la lengua extranjera que quieren estudiar.

José Francisco Méndez Bravo

Prólogo a la segunda edición

Se está viviendo una época de sustanciales y radicales cambios en la actualidad tecnológica en la que se desenvuelve el ser humano; lo que hace un año era innovación hoy está condenado a convertirse en obsoleto. Existe una grave necesidad de innovaciones en todos los campos y quehaceres de la sociedad, en muchos casos es solamente consumismo. En este complejo contexto social se ofrece un descomunal abanico de necesidades creadas y adquisiciones que haga la vida más satisfactoria y cómoda, en muchos casos, sólo basta oprimir un botón o una serie de botones para que el satisfactor sea localizado sin más pérdida de tiempo.

La sociedad actual exige soluciones inmediatas.

En la actualidad a quien lee por el mero placer que ofrece la lectura se le cataloga arbitrariamente como una figura anticuada. Actualmente la red "soluciona" todos los problemas en forma inmediata... ¿Y el libro? Tal pareciera que el libro estuviera condenado a desaparecer para ser sustituido por la tecnología de los buscadores en la red, cuyas múltiples opciones de respuesta confunden por su dudosa confiabilidad: no hay autores a quien recurrir para tener una información veraz y completa. La lectura enriquece el lenguaje propio y el aprendido; es, a través del libro que se despierta la imaginación y se desarrolla la creatividad y el intelecto.

En los Estados Unidos se maneja comúnmente esta sentencia: "Readers are leaders" y es un patrón muy adecuado ya que existe la cultura de la lectura a nivel medio. En México se lee poco, en gran medida porque muchos padres y maestros no tienen el hábito de la lectura.

Y no hay pretensiones de agraviar ni de obtener la etiqueta de retrógrada, se trata de reorganizar a las paterfamilias y docentes para que creen la cultura de la lectura, que regrese el libro a ocupar el lugar que se le ha arrebatado por convencionalismos tecnológicos y comodidad.

La lengua madre está siendo desvirtuada por la carencia de conocimiento en su naturaleza y por la tendencia de abreviar las palabras, como se estila hoy en día, obligado esto por esa "imperante" necesidad de soluciones inmediatas.

Leer y promover la lectura es una necesidad. Las Ferias del Libro serán poco operables si no se crea la cultura de la lectura y los únicos responsables somos los docentes, las paterfamilias y tú, que estás participando de la lectura de este libro en su segunda edición; es sumamente positivo lo que te conduce a conocer más del castellano y el inglés, no solamente como medios de comunicación, sino tener plena conciencia de sus naturalezas enriquecedoras, de modo que la humanidad pueda vislumbrar mejores opciones para una vida mejor.

¡Que aproveche!

Abel Saavedra Ángel

Introducción

El presente trabajo pretende ser un auxiliar en el estudio de la lengua inglesa, para esto, la información aquí presentada ha sido dividida en dos partes: La primera está dedicada a la gramática española y la segunda a la gramática inglesa, en ambas secciones se estudian esencialmente los mismos aspectos de ambos idiomas. En la parte dedicada al español se presentan algunos conceptos importantes en el estudio de una lengua; dichos conceptos no se mencionan en la parte dos ya que ahí entramos a lo que es la explicación de gramática solamente. Tanto en la parte uno como en la dos, se presentan los aspectos básicos de ambas lenguas.

Para continuar, vamos a pensar en lo siguiente: una cosa es enseñarle a una persona a conducir un carro y otra muy diferente es enseñarle cuáles son los mecanismos que permiten el funcionamiento del mismo; así, una cosa es enseñar un idioma y otra cosa es enseñar gramática. Nosotros como docentes nos preocupamos porque el alumno logre el dominio de las estructuras gramaticales que les presentamos y que son el motivo de nuestra clase y no nos preocupamos tanto porque el estudiante nos sepa recitar de memoria por ejemplo la regla que rige los cambios de los verbos cuando son conjugados con la tercera persona del singular en el tiempo presente simple del indicativo.

Nosotros mismos cuando aprendimos nuestra lengua madre no lo hicimos en base a normas gramaticales sino motivados por una necesidad que era la comunicación; sin embargo, posteriormente nos vimos precisados a estudiar y comprender las normas que rigen nuestra lengua a fin de poder utilizar de una mejor manera esa fantástica herramienta de la comunicación que es la palabra.

Partiendo de lo anterior vamos a pensar que en un momento dado, a nuestros estudiantes les surgen dudas y es entonces cuando nos preguntan; lo anterior es un signo inequívoco de que hay interés en la materia y para el maestro se hace obligada la explicación. Ahora bien, estos momentos en que el estudiante se encuentra en un estado receptivo deben ser aprovechados al máximo por el docente, así, además de la explicación verbal es conveniente proporcionar al alumno una bibliografía a la cual pueda recurrir a fin de que encuentre por sí mismo el esclarecimiento de sus dudas.

Debemos aclarar en este punto que este trabajo no es un método para aprender inglés, sino un material de apoyo el cual pueda facilitar en cierta medida la comprensión de las normas que rigen las estructuras gramaticales de la lengua inglesa y al mismo tiempo, le proporciona información acerca de su propia lengua a fin de que tenga un punto de partida desde el cual pueda hacer una comparación entre las normas que rigen el manejo de ambos idiomas.

En la segunda parte se notará que muchos de los ejemplos carecen de traducción; lo anterior obedece al hecho de que no se está empleando un vocabulario complicado (una vista rápida al diccionario nos puede sacar fácilmente de dudas) y también a que el material que presentamos está diseñado para personas que tengan antecedentes en el estudio de la lengua inglesa o bien, que estén estudiándola en su momento; esto presupone que alumnos desde el segundo grado de secundaria en adelante podrían encontrar utilidad en el estudio del presente trabajo así como alumnos de bachillerato y en general cualquier persona que tenga la necesidad de estudiar inglés.

La gramática no ha dejado de tener validez, por el contrario mientras mejor lleguemos a conocerla, más fácil nos será el estudio de cualquier otro idioma.

Espero que el presente trabajo sea de utilidad para el lector.

PARTE UNO
Gramática española

Tienen su propio poder,
pueden herir más que
las armas pero también
pueden halagar más
que las flores.

I

El lenguaje

A lo largo de la vida de la humanidad, el hombre siempre ha buscado la forma de satisfacer sus necesidades; dicha búsqueda ha hecho del hombre un ser creativo, lo ha llevado a inventar y a descubrir cosas que le son necesarias en su diario vivir, inventos y descubrimientos que una vez utilizados en forma práctica para solventar las necesidades para las que fueron creados han perdido toda su maravilla y a los cuales miramos no pocas veces hasta con indiferencia. De hecho, cuando encendemos la luz de nuestra habitación, tomamos un lápiz para hacer un apunte, prendemos un cerillo o nos es necesario tomar una dosis de penicilina, no nos ponemos a pensar cuántos fracasos y trabajos hubieron de pasar otras personas para conseguir eso que para nosotros actualmente es tan común. Pues sí, esos inventos y descubrimientos, una vez conocidos han perdido toda su maravilla.

Tal vez hace un millón de años que en algún lugar del mundo el hombre descubrió que tenía la habilidad de poder comunicarse con los demás, esta comunicación en un principio debió haber sido a base de gestos y movimientos los cuales permitieron al hombre primitivo descubrir el fenómeno de la comunicación. Con el pasar del tiempo, se logró crear el lenguaje oral; una forma de comunicación ya estructurada que ha ido incrementándose y perfeccionándose a fuerza de tiempo y de las necesidades que la humanidad va requiriendo.

Difícil sería decir aquí cuál fue la primera palabra que nuestros antepasados utilizaron, pero lógico es pensar que quizás fueron las interjecciones las primeras palabras que entran en esta historia; por medio de ellas el hombre empezó a demostrar sus diferentes estados de ánimo; así, el dolor, la alegría, el miedo, o cualquier otro sentimiento era expresado por sonidos que gradualmente fueron teniendo un significado más amplio y cuya evolución fue formando el lenguaje oral.

II

Importancia del lenguaje

Las diferentes especies animales que habitan en nuestro planeta tienen también sus propias y diferentes formas de comunicación; se llega incluso a dar el caso de que ciertas especies animales logren comprender lo que sus amos les indican, creándose así, entre el ser humano y la especie animal en cuestión un restringido circuito de comunicación que opera en base al condicionamiento.

El hombre ha ido mucho más allá al lograr que un sonido represente una idea o un objeto; este paso gigantesco en la capacidad de abstracción del ser humano habría de tener una importancia definitiva en la historia del hombre. El descubrimiento de tal habilidad marcaba una diferencia enorme entre el hombre y las demás especies animales. El uso del lenguaje oral ya estructurado permitió que el ser humano desarrollase otras potencialidades.

En realidad, el desenvolvimiento de las demás ciencias y artes que el hombre ha creado no sería explicable si no hubiese existido antes la palabra o bien alguna forma de comunicación, una vez dada la habilidad para expresarse, fue posible hacer el intercambio de ideas y de esta forma llegar a cortos o grandes pasos al desarrollo y perfeccionamiento de las demás artes y ciencias que constituyen el total de los logros de la especie humana.

Pues bien, el hombre logra el desarrollo y manejo del lenguaje oral; sin embargo, miles de años habrían de transcurrir hasta que el ser humano lograse dar a esta forma de comunicación un nuevo matiz: la expresión escrita.

III

El lenguaje escrito

Anteriormente anotamos que el uso del lenguaje oral es posible que tenga una antigüedad de un millón de años; esto se basa en el hecho de que los primeros utensilios del hombre arrojan tal edad y en el supuesto lógico de que el hombre debió haber tenido ya un vocablo para señalar y diferenciar tales artículos; sin embargo, en cuanto al lenguaje escrito las cosas son diferentes. Los caracteres más antiguos que se conocen y a los cuales se les confiere ya la importancia de lenguaje escrito, son las tablillas cuneiformes de Mesopotamia, las cuales datan del año 4000 a.c. Digamos pues, que a la fecha, el lenguaje escrito tiene una antigüedad de tan solo seis mil años.

Para comprender un tanto mejor la importancia de la palabra escrita, basta con pensar acerca del desarrollo del hombre a lo largo de un millón de años; tomemos ahora de ese lapso de tiempo, los últimos seis mil años; esto es, desde el inicio de la palabra escrita hasta nuestros días y pensemos acerca del avance que la humanidad ha tenido en los espacios comprendidos en las dos etapas. Habremos de concluir que la palabra escrita ha sido fundamental en el desenvolvimiento y evolución del ser humano de los últimos tiempos.

De todo lo anteriormente mencionado se puede concluir que sin importar de qué lengua proceda, la palabra ya sea oral o escrita, es una herramienta realmente invaluable y útil en la diaria tarea de comunicación que se efectúa entre los seres humanos; por otro lado, debemos comprender que el lenguaje tiene también sus evoluciones; así, las necesidades de las diferentes áreas en las que el ser humano se desenvuelve llegan a hacer necesario el uso de nuevos vocablos, en igual manera, muchas palabras con el paso del tiempo van cayendo en desuso; pero estos son cambios lógicos que en lugar de perjudicar a una lengua la fortalecen.

En el principio existía la palabra,
y la palabra estaba con Dios,
y la palabra era Dios.
Juan 1:1

IV

Letras, palabras, oraciones

¿Hasta qué punto puede el don de la palabra marcar la diferencia entre el hombre con las demás especies animales? … la cita bíblica antes mencionada nos da una idea de la importancia que se le ha conferido a la palabra a través de los siglos. Palabras que en su forma de representación gráfica se forman a base de letras, palabras que forman oraciones las cuales nos permiten expresar ideas y sentimientos … el complemento ideal para un completo y total desarrollo del espíritu humano.

Letra

La letra es la representación gráfica y convencional de un sonido. De este enunciado está por demás aclarar el porqué se considera a la letra como un signo gráfico; no así de claro queda el concepto convencional; a fin de aclarar esta idea veamos lo siguiente: existen muchos idiomas en el mundo, cada uno de los cuales tiene sus propias normas así como su propia forma de escritura y pronunciación. Aún cuando muchas de las veces los signos son los mismos en diferentes lenguas, éstos guardan algunas diferencias en cuanto a las normas de los distintos idiomas; otras veces son signos totalmente diferentes. Como ejemplo para ver claramente esta diferencia, tomemos tres signos (letras) de tres idiomas distintos como son: el español, el inglés y el japonés.

idioma	español	inglés	japonés
signo	A	A	〤
pronunciación	(a)	(ei)	(a)

Como puede observarse en el cuadro anterior, en el español y en el inglés tenemos el mismo signo pero una distinta pronunciación, mientras que en el japonés tenemos para este caso un signo diferente pero una pronunciación similar a la del español.

Lo anterior no se contrapone en absoluto a lo que aquí se ha tomado como definición de "letra", para reafirmar un poco más esta idea acerca de las letras, veamos los siguientes grupos de signos a los cuales se les puede dar un sonido específico:

rrrrr   sssss   ffffff   fst

Por supuesto que existen ciertos signos a los cuales no se les puede dar una pronunciación por sí solos; éstos necesitarán de otros (vocales) a fin de que podamos darles un sonido; sin embargo, no obstante esto, seguirán siendo representaciones gráficas de un sonido.

Palabra

Es el conjunto de sonidos o bien de letras que tienen sentido de acuerdo a un código previamente establecido y el cual hace posible la comunicación ya sea ésta oral o escrita.

En la definición anterior cuando se habla de conjunto de sonidos se está tomando en cuenta que las palabras no son solamente monosílabas, sino que también existen bisílabas y polisílabas y que en realidad éstas forman mayoría.

Oración

Por supuesto que se habla de oraciones gramaticales o enunciados los cuales no son otra cosa que el conjunto de palabras en forma ordenada que nos pueden ofrecer una idea completa. La oración gramatical consta de sujeto y predicado.

V

Gramática

A fin de poder manejar un lenguaje en forma correcta, es necesario que estemos al tanto de cuáles son las reglas por las que éste se rige. En igual forma a fin de darnos a entender utilizando un idioma extranjero es necesario que conozcamos si no profunda por lo menos ligeramente cómo opera su gramática. Del poco o mucho conocimiento que de ello tengamos dependerá la calidad de nuestra expresión ya sea oral o escrita.

La palabra **gramática** se deriva del griego **gramma** que significa letra y del sufijo **ica** que quiere decir ciencia.

De lo anterior se podría concluir que la gramática no es otra cosa que la ciencia que estudia las letras; pero tal definición es hasta cierto punto un tanto vaga; la gramática es en realidad algo más.

Otra de las definiciones del vocablo en cuestión es la que nos han enseñado en la escuela elemental, la cual reza: "gramática es el arte de hablar y escribir correctamente un idioma cualquiera".

Actualmente, la gramática está considerada como una de las ramas de la lingüística, y otra de sus definiciones podría ser la siguiente: gramática es el estudio de las clases de palabras, sus inflexiones, sus funciones y la relación que las palabras guardan entre sí en el enunciado.

Pues bien, tenemos ya una definición de lo que se entiende por gramática, tendremos que recordar ahora que la gramática es la parte fundamental de cualquier idioma, y que para expresar con toda propiedad lo que queremos, lo que pensamos o lo que sentimos, es necesario tener cuando menos un conocimiento aunque sea básico de lo que es la gramática; esto nos permitirá utilizar en una mejor manera la maravillosa herramienta de la comunicación que es el lenguaje.

Finalmente, para su estudio la gramática se divide en cuatro partes que son: la prosodia, la ortografía, la sintaxis y la analogía.

Cada una de estas partes tiene una función diferente que realizar; así pues, los aspectos que manejan las anteriores divisiones de la gramática son los siguientes:

Prosodia

Se define como la rama de la gramática que nos da reglas para la correcta pronunciación, veamos como ejemplo el acento ortográfico en las siguientes tres palabras:

público, publico, publicó

Ortografía

Es la rama de la gramática que nos da reglas para escribir en forma correcta, esto implica el uso adecuado de cada letra o signo para el sonido que se desea expresar y así, evitar posibles confusiones. Ejemplos:

incorrecto	correcto		incorrecto	correcto
jenio	genio	(acto de matar)	casa	caza
gícama	jícama	(hogar)	caza	casa
oja	hoja	(pegar con hilo)	cocer	coser
gayeta	galleta	(hervir)	coser	cocer
arbol	árbol	(pelo muy fino)	bello	vello
heroe	héroe	(hermoso)	vello	bello

Sintaxis

Es la parte de la gramática que nos enseña a ordenar los vocablos en forma correcta de tal modo que el grupo de palabras pueda tener un sentido lógico, ejemplo:

Si se dice:

Los las la son de flores naturaleza poemas.

El enunciado carece de sentido por completo, ya que aunque tiene todos los elementos que son necesarios para formar una oración, éstos no se encuentran acomodados en el orden que la sintaxis dicta. Para que las palabras anteriormente mencionadas nos puedan dar una idea lógica deberán seguir la secuencia siguiente: sujeto, verbo y complemento, de tal suerte que el grupo de palabras nos de el siguiente pensamiento:

Las flores son los poemas de la naturaleza.

Analogía

La analogía es la parte de la gramática que analiza las diferentes voces que intervienen en un enunciado y la función que en el mismo están realizando, ejemplo:

Si la oración es:

Los libros son el fruto del árbol de la sabiduría.

La analogía nos podrá aclarar que las voces **los** y **la** son formas distintas del artículo **el.** Las palabras **libros, árbol,**

frutos y sabiduría son sustantivos. La voz **son**, es el verbo de nuestra oración, la palabra **de**, es una preposición y finalmente, la voz **del** es una contracción de la preposición y el artículo **(de el ... del)**

VI

Accidentes gramaticales

En la lengua española encontramos palabras variables y palabras invariables; las voces variables serán aquellas que sufran algún cambio en su forma, debido esto a los diferentes accidentes gramaticales; en consecuencia, serán voces invariables aquellas que no sufran ningún cambio en su forma.

Dicho en otras palabras; algunas voces pueden aceptar cambios en su forma de acuerdo esto a una regla ya establecida, en tanto que otras voces no aceptan dichos cambios, véase el siguiente ejemplo:

Tomemos para esto dos palabras: **gato** y **con**

La palabra **gato** es susceptible de los siguientes cambios:

gato, gata, gatos, gatas, gatito, gatote

En tanto que la preposición **con** no admitirá ninguno de los cambios que se han aplicado al sustantivo **gato** por tratarse de una categoría gramatical invariable.

Así pues, en la lengua española encontraremos que las voces se clasifican en **variables** e **invariables** de acuerdo al siguiente cuadro:

Variables	Invariables
el sustantivo	la preposición
el verbo	la conjunción
el adjetivo	la interjección
el artículo	el adverbio
el pronombre	

Nota:

A pesar de estar considerado como una categoría gramatical invariable, el adverbio suele aceptar ciertas modificaciones que en apego a lo antes mencionado no debería aceptar. Así, es frecuente escuchar expresiones como las siguientes:

Quiero **poquita** azúcar en mi café	(poco)
Llegó ya **tardecito** para la comida	(tarde)
Ahorita le preparo su desayuno	(ahora)

En casos extremos llegamos a escuchar expresiones tales como:

Ahorititita le preparo su desayuno.

Como si al agregar otros cuantos **ti** al adverbio hicieran más corto el espacio de tiempo al cual hace mención.

… y la lista podría alargarse mucho más.

En resumen, se conocen como accidentes gramaticales las causas que alteran la estructura de las voces variables; este nombre también se le da a los cambios que sufren en su forma las palabras variables.

Los accidentes gramaticales son: género, número, aumento, disminución, desprecio, grados de comparación del adjetivo y conjugación

El masculino

Designa los nombres de varones y los nombres de animales machos, además de los nombres de cosas que convencionalmente se designan como de género masculino, usualmente terminan en **o**. Ejemplo:

Rodrigo,   caballo,   escritorio ...

El femenino

Designa a los nombres de mujeres y de animales hembras, además de los sustantivos que convencionalmente se toman como de género femenino, usualmente terminan en **a**. Ejemplo:

María,   yegua,   silla ...

El género neutro

Denota la ausencia de sexo; es decir ni masculino ni femenino. Este grupo se señala mediante la forma **lo** del artículo la cual se antepone a algunos adjetivos sustantivados así como a nombres y pronombres tomados en forma abstracta. Ejemplo:

lo bueno	lo tonto	lo claro	lo malo
lo mío	lo tuyo	lo suyo	lo nuestro
lo cortés	lo experto	lo varonil	lo raro

En el español nos encontramos con algunas particularidades en cuanto al género las cuales vale la pena tener en mente.

Común de dos

Algunos sustantivos especifican el género mediante el uso del artículo, a éstos se les designa con el nombre de "común de dos" por ejemplo:

el artista	la artista	el testigo	la testigo
el centinela	la centinela	el modisto	la modista
el joven	la joven	el cónyuge	la cónyuge
el mártir	la mártir	el verdugo	la verdugo

Epiceno

Se da este nombre a los sustantivos que utilizan la misma palabra para el masculino y el femenino, esto se presenta en el caso de los animales, ejemplos:

la araña   el sapo   la mosca   la ballena   la jirafa   el rinoceronte

Ambiguo

Se dice de los sustantivos que aceptan indistintamente el uso del artículo **el** o **la** para determinar el genero. Ejemplos:

el mar   la mar   el calor   la calor   el azúcar   la azúcar

El número

Es el accidente gramatical que nos indica si de lo que se habla es solamente una cosa o más de una; este cambio se opera principalmente en el sustantivo. En el español encontramos únicamente dos números los cuales se designan como singular y plural, ejemplo:

El carro   (singular)   los carros   (plural)

Aumento
Es el accidente gramatical por medio del cual se acrecienta la significación del sustantivo. Ejemplo:

casa	casota	gato	gatote
libro	librote	silla	sillota

Disminución
Es el accidente gramatical por medio del cual se disminuye la significación del sustantivo. Ejemplo:

perro	perrito	sala	salita
niño	niñito	carro	carrito

Despectivos
Son los sustantivos que debido a un accidente gramatical pasan a tener la idea de burla o menosprecio. Ejemplo:

Gentuza   hijastro   lagartija   casucha

Grados de comparación
Es el accidente gramatical por medio del cual el adjetivo confiere al sujeto una cualidad que puede estar determinada de tres formas, puede ser positivo, comparativo o superlativo. El grado positivo presenta la cualidad del sustantivo de una sola forma, en el comparativo la cualidad es comparada entre dos sustantivos y finalmente, en el superlativo la cualidad de la que se habla se presenta en grado máximo. Ejemplos:

positivo	**comparativo**	**superlativo**
grande	más grande que	grandísimo

| caro | más caro que | carísimo |
| fácil | más fácil que | facilísimo |

Conjugación

Es el accidente gramatical que sufre el verbo debido a los diferentes tiempos, modos y personas con los cuales se conjuga. Ejemplo:

yo como	yo comí	que yo coma
tú comes	tú comiste	que tú comas
él come	él comió	que él coma

VII

Personas gramaticales

Existen únicamente tres personas gramaticales, los pronombres representativos de ellas son: **yo, tú y él**. La definición de estas personas gramaticales es la siguiente:

Primera persona   es la que habla
Segunda persona   es a quien se le habla
Tercera persona   es de quien se habla

Para ilustrar un poco mejor lo anterior, veamos el siguiente ejemplo:

Juan le dice a Pedro: "Ayer vi a Julia en el teatro".

En la oración anterior, Juan (la persona que habla) es la primera persona, puesto que él es quien habla. Pedro (el sujeto con quien Juan está hablando) es la segunda persona ya que él es a quien Juan le esta dirigiendo la palabra y en consecuencia, Julia (la mujer de quien Juan y Pedro están hablando) es la tercera persona.

Lo antes mencionado se refiere únicamente a las personas gramaticales en su forma singular, pero por supuesto que esto se puede también aplicar al plural; los pronombres representativos de las personas gramaticales en el plural son: **nosotros, ustedes y ellos** para la primera, segunda y tercera persona del plural respectivamente y su uso es exactamente el mismo.

Así, el siguiente cuadro nos da una idea más exacta de las personas gramaticales y sus correspondientes pronombres, aclarando que el pronombre no es propiamente la persona gramatical sino la representación de ésta.

yo	primera persona singular
tú	segunda persona singular
él	tercera persona singular
nosotros	primera persona plural
ustedes	segunda persona plural
ellos	tercera persona plural

VIII

Funciones de las palabras

La función básica de las palabras es la de permitir la comunicación entre los seres humanos. Hecho por demás obvio y del cual hacemos uso diariamente en nuestra continua labor de comunicación para con las demás personas con las cuales y por muy diversos motivos nos comunicamos.

Las palabras tienen además la facultad de crear imágenes en nuestra mente; así, cuando leemos un escrito o bien escuchamos un relato, nuestra mente está imaginando los hechos que nos son descritos por medio de las palabras, ya sean éstas en forma gráfica o bien en forma de sonidos a los cuales les podemos dar una interpretación.

Por supuesto que la habilidad para manejar las palabras es diferente en cada individuo; así, un doctor, un ingeniero en electrónica, un carpintero y un técnico en calzado (solo por citar algunas profesiones específicas) manejarán con mayor fluidez el vocabulario propio de sus áreas de trabajo, términos que para la mayoría de las personas que no se encuentren familiarizadas con esas áreas les quedarán un tanto obscuros; sin embargo, para ellos que tienen que darse a entender con personas que manejan esas mismas áreas les es absolutamente indispensable conocer ese vocabulario específico. Para algunas personas el uso apropiado del lenguaje llega a ser, si se quiere tener éxito, una determinante total en su profesión: escritores, profesores, oradores, comunicólogos, etc.

Pues si, en su uso más difundido, las palabras cumplen la función de permitir que los seres humanos se comuniquen y que puedan crear imágenes en la mente, esto permite el desarrollo de las ideas, pero hablando ya en sentido gramatical, las palabras tienen funciones específicas que desarrollar dentro del enunciado; dichas funciones son las siguientes: nombrar, modificar otras voces, enlazar vocablos, indicar acciones, sustituir otras voces e indicar estados de ánimo específicos.

Nombrar

Los sustantivos son las palabras que nos permiten dar nombre a las cosas, los seres o bien las ideas que se toman como sustantivos, ejemplos:

casa,   carro,   león,   elefante,   dama,   niña,   mago,   demonio

Modificar otras voces

Las palabras que cumplen esta función se conocen como adjetivos y adverbios; los artículos pueden ser también considerados en este grupo puesto que también ejercen una modificación sobre la palabra que le sigue, ejemplo:

| la **inútil** guerra | el **gran** río | llegó **tranquilamente** a casa |
| **el** árbol | **un** árbol | buscó **cuidadosamente** en los cajones |

Enlazar vocablos

Las palabras que llevan a cabo tal función son las conjunciones y las preposiciones. Ejemplo:

Ella está **en** la escuela   Mary **y** Pepe son amigos

Indicar acciones

Las palabras que desarrollan esta función son los verbos. Ejemplo:

Ellos **saben** la verdad   Susana **vive** en mi casa

Sustituir otras voces

Las palabras que pueden sustituir otras voces son los pronombres. Ejemplo:

Rita y Lucía hablan español   **Ellas** hablan español

Indicar estados de ánimo específicos

Las palabras o grupos de palabras que cumplen esta función son las interjecciones. Ejemplo:

¡oh!,   ¡bah!,   ¡ay!,   ¡ah!,   etc.

Como parte final del presente tema, veamos lo siguiente: muchas veces encontraremos que una misma palabra, sin que haya sufrido cambio alguno en su forma, puede ser clasificada en más de una categoría gramatical; esto obedece al hecho de que la palabra en cuestión se encuentra desarrollando diferentes funciones dentro del enunciado; veamos el siguiente ejemplo:

Georgina **cuenta** el dinero todas las noches.
El mesero me entregó a mí la **cuenta**.

En los ejemplos anteriores, la palabra "cuenta", está desempeñando la función de verbo en la primera oración y de sustantivo en la segunda; esto, pese al hecho de que se trata de la misma palabra en ambas oraciones y de que ésta no ha sufrido ninguna modificación en su forma.

IX

Las categorías gramaticales

De acuerdo a las diferentes funciones que las palabras desarrollan dentro del enunciado, se han establecido las categorías gramaticales. La importancia de éstas radica en que cualquier palabra que se utilice en cualquier circunstancia, deberá encontrar una clasificación dentro de alguna de las diferentes categorías gramaticales que existen. Las categorías gramaticales además, existen en casi todos los idiomas y su función es prácticamente la misma en las diferentes lenguas; dicho en otras palabras; un verbo tendrá la función de indicar una acción tanto en inglés como en español, italiano, francés o cualquier otra lengua.

De lo anterior se desprende la importancia capital que revisten las mencionadas categorías, las cuales se estudiarán más en detalle posteriormente.

Las categorías gramaticales son nueve y sus nombres son: **el sustantivo, el adjetivo, el artículo, el pronombre, el verbo, el adverbio, la preposición, la conjunción y la interjección.**

En el capítulo VI del presente trabajo vimos los accidentes gramaticales; ahí establecimos que las categorías gramaticales se dividen en variables e invariables, debido esto precisamente a los accidentes gramaticales; de esto tenemos que las partes variables son:

el sustantivo	el pronombre
el adjetivo	el verbo
el artículo	

En tanto que las invariables serán:

el adverbio	la preposición
la conjunción	la interjección

X

El artículo

El artículo es la palabra que se antepone al sustantivo, anuncia el número y el género de éste; podemos además considerar al artículo como un modificador para los sustantivos. La modificación que esta categoría gramatical puede ejercer sobre los sustantivos es determinativa e indeterminativa; esto lo veremos en ejemplos líneas más abajo.

En la lengua española, el artículo se clasifica como determinado, indeterminado y neutro.

Determinado

Se utiliza para hacer referencia a algo que ya se conoce. Ejemplo:

Ayer vino a buscarte **el** doctor.

En el ejemplo anterior, con el simple hecho de anteponer al sustantivo **"doctor"** el determinativo **"el"**, tanto la persona que habla como quien la escucha saben de antemano a qué persona se están refiriendo, motivo por el cual se puede incluso omitir el nombre propio de la persona a la cual se hace referencia.

Indeterminado

Las formas del artículo indeterminado se utilizan para hacer referencia a una cosa entre muchas otras de su misma especie, ejemplo:

Ayer vino a buscarte **un** doctor.

En este ejemplo, al anteponer la forma **"un"** del indeterminado no nos es dado saber en forma concreta de qué persona se habla; lo único que podemos inferir es que se trata de una de las tantas personas que ejercen la medicina.

Neutro

El artículo neutro se utiliza cuando hablamos de ciertos sustantivos que carecen de sexo; es decir, sustantivos que no podemos clasificar ni como masculinos ni como femeninos. También lo utilizamos cuando sustantivamos ciertos adjetivos. Ejemplo:

Lo malo fue que no nos vimos.
Lo oscuro de la noche nos impidió verlo.

En la lengua española, el artículo tiene nueve formas diferentes, ellas son:

definido	el, la, los, las.
indefinido	un, una, unos, unas.
neutro	lo.

Con el artículo masculino determinado **el** y las preposiciones **a** y **de** se forman las contracciones **al** y **del** que utilizamos frecuentemente. Ejemplos:

Voy **al** cine.   Vengo **del** parque.

XI

El sustantivo

Sustantivo o nombre es toda palabra que se utiliza para designar algo, ya sea ese algo un ser (Raquel, mujer, tallo, árbol, etc.) un animal (león, ave, insecto, etc.) una cosa (tabla, mesa, lápiz, etc.) o bien una idea susceptible de sustantivarse (Dios, demonio, pensamiento, poema, bondad, certeza, orden, etc.)

Los sustantivos se clasifican en **propios, individuales y comunes.**

Propios

Este tipo de sustantivos son los que se utilizan para designar a una persona o cosa en forma específica; dicho de otra forma; conocemos muchos hombres y mujeres, pero de todos ellos, quizás solamente una persona se llama por ejemplo: Ponciano Rodrigo Gómez Regalado, o bien si es una dama podría ser Enriqueta Domitila Pérez Godínez.

En igual forma que en la historia sólo se conoce un Miguel de Cervantes Saavedra, o una dama llamada Sor Juana Inés de la Cruz. Esto por supuesto no se aplica únicamente a los nombres de personas sino también a otras cosas tales como ciudades, lagos, ríos, montes, países, estrellas, planetas… Esto se hace para diferenciar a una cosa de entre las demás de su misma especie y la razón es por demás obvia.

Individuales

Los individuales como su nombre lo indica, nos sirven para individualizar, sin embargo, no son tan específicos como los propios, por ejemplo: Miguel de Cervantes Saavedra (nombre propio) designa a una persona que llevó ese nombre, sin embargo, puede darse el caso de que en nuestro círculo de amistades más de una persona se llame Miguel (sustantivo individual). Pues bien, los sustantivos individuales pueden ser personales, patronímicos o gentilicios.

Personales

Los personales son los que dan nombre a las personas, por ejemplo:

Rosa,   Carmela,   Gabriel,   Juan,   Alberto

Patronímicos

Son los nombres que se derivan de los nombres paternos; actualmente (en México) todas las personas tenemos un nombre o más que nos son elegidos por lo regular por nuestros padres y dos apellidos que nos son dados el primero por nuestro padre y el segundo por nuestra madre. Antiguamente, el patronímico se tomaba del nombre del padre; así, los hijos de Rodrigo eran los Rodríguez, los hijos de Sancho eran los Sánchez y podríamos hacer muchos más ejemplos, pero actualmente no son estas las normas a seguir con los llamados patronímicos.

Gentilicios

Este tipo de nombres se utilizan para designar a los seres y cosas según su lugar de origen; así, por ejemplo, una persona que hubiese nacido en Italia se le llamaría italiano cuando se haga referencia a él indicando además con esta palabra el lugar del cual procede. Los gentilicios pueden hacer referencia a países, ciudades, estados, continentes, regiones e incluso planetas.

Comunes

Son los sustantivos que nombran a un ser o cosa sin diferenciarlo de los demás de su misma especie; por ejemplo, la palabra "hombre" no hace ninguna diferencia de cualquiera de los habitantes de nuestro planeta y con esa sola indicación, nuestro interlocutor no sabrá a ciencia cierta a cual de todos los seres que la palabra abarca nos estamos refiriendo.

Los sustantivos comunes se dividen en genéricos, colectivos y numerales.

Los genéricos

Son aquellos sustantivos que designan a una cosa o un ser ubicándolo con los demás de su misma especie, por ejemplo:

hombre, gato, dama, pingüino, casa,
carro, doctor, abogado...

Los colectivos

Son aquellos sustantivos que nos dan idea de conjunto, por ejemplo:

parvada, batallón, manada, rebaño, arboleda ...

Los numerales

Este grupo de sustantivos se dividen en cardinales, ordinales, partitivos y múltiplos. Por lo regular, esta clase de sustantivos expresan una cantidad y es conveniente además recordar que también pueden operar como adjetivos, para diferenciar cuando su función es de sustantivo y cuando es de adjetivo, basta con recordar que un adjetivo modifica a un sustantivo; entonces, si el numeral en cuestión no está haciendo modificación alguna sobre otra palabra, lo lógico es pensar que está operando como sustantivo; esto es, se encuentra en lugar de la cosa de la que hablamos. Para comprender esto mejor, veamos el siguiente ejemplo:

¿Se ha llevado usted **tres libros** de nuestra biblioteca?
Sí, **uno** lo tengo en mi casa y **dos** en mi oficina

En el ejemplo anterior, la palabra "**tres**" indica la cantidad de objetos (libros) en tanto que "**uno**" y "**dos**" están en lugar del sustantivo (libros).

Ahora bien, **los cardinales son:**
uno, dos, tres, cuatro,…
Los ordinales son:
primero, segundo, tercero,…
Los partitivos son:
mitad, cuarto, tercio,…
Los múltiplos son:
doble, triple, cuádruple,…

Los sustantivos pueden ser concretos o abstractos, concretos son los sustantivos que podemos tocar; abstractos son aquellos que no podemos tocar pero que por su uso gramatical son sustantivos. Aclaremos un poco, cualquier persona puede tocar un perro, un gato, una mesa, las llaves, etc. Pero nadie ha podido tocar un verbo, un sueño, el hambre, la sed, la bondad o cualquier otro sustantivo abstracto que pudiéramos enumerar.

Los sustantivos y los accidentes gramaticales

El sustantivo acepta que se le nombre en forma individual (**pájaro**) o plural (**pájaros**), que se le cambie al femenino (**pájara**) o al masculino como ya lo hemos hecho al principio; también puede ser aumentada la palabra de acuerdo a la idea que expresa (**pajarote**) o bien se puede disminuir esta idea (**pajarito**), podemos también utilizar la idea que nos proporciona la palabra en forma despectiva (**pajarraco**). Pues bien, los anteriores son los diferentes accidentes gramaticales que el sustantivo puede aceptar; esto es: **aumento, disminución, desprecio, género y número.**

Nota:

En el capítulo VI del presente trabajo se vio lo referente a los accidentes gramaticales, debido a esto, en este capítulo no entraremos en detalles en cuanto a aumentativos, diminutivos y despectivos, sin embargo, si veremos lo referente a género y número de los sustantivos ya que estas partes si revisten ciertas irregularidades en cuanto a su uso.

El género

Como ya se mencionó en el capítulo VI, el género puede ser **masculino, femenino y neutro.**

Son sustantivos de **género masculino** aquellos que representan al animal macho (aquí incluimos también al hombre que es un animal racional) o bien, sustantivos que representan objetos o ideas que convencionalmente se han tomado como de género masculino, en igual forma tomamos los empleos, funciones y dignidades que corresponden a los varones. Ejemplos:

caballo, toro, hombre, caballero, libro,
banco, mes, pensamiento,
doctor, pastor, rey, marinero, ingeniero, arquitecto, etc.

Son sustantivos de **género femenino** aquellos que representan a la mujer o a la hembra en general, así como los que representan a los seres que convencionalmente se han clasificado como femeninos; lo mismo se aplica para aquellas voces que representan empleos, funciones y dignidades propias de la mujer. Ejemplos:

señora, muchacha, ballena, yegua, planta, rosa, hoja,
mesa, taza, actriz, virgen, máquina, etc.

El género neutro nos indica la ausencia de sexo; ni femenino ni masculino. Este reducido número de sustantivos se señalan con el artículo en su forma neutra **(lo)**; dicha forma del artículo se coloca antes de adjetivos sustantivados, nombres o pronombres que tienen una significación abstracta. Ejemplos:

lo malo, lo mío, lo cortés, lo inútil, lo tuyo, lo varonil, etc.

Pese a lo que en líneas anteriores hemos apuntado en cuanto al género de los sustantivos, no podemos decir que todo es así de sencillo, ni mucho menos pensar que con la definición que se ha hecho ya está toda la historia resuelta; para fin de comprender un poco más a fondo el presente tema las siguientes indicaciones nos serán de mucha utilidad.

Quizás alguna vez nos hemos quedado con la duda de si es más correcto decir "el mar" o "la mar", quizás alguien alguna vez se ha preguntado porqué algunos sustantivos tienen una palabra distinta completamente para indicar el masculino y el femenino y no siguen la regla tan sencilla de cambiar la letra **"o"** del masculino por la vocal **"a"** como en la palabra **"gato"** cuyo femenino es **"gata"**. Pues bien, para estos y otros casos veamos lo siguiente:

El masculino

Por su terminación son masculinos los sustantivos cuya terminación es **"e"**, **"o"** o bien, alguna **consonante**, ejemplos:

el gato, el conde, el disco, el monte, el camión, el árbol…

En este grupo encontramos algunas excepciones como las siguientes;

La mano, la flor, la labor, la sor y algunas otras.

El femenino

Son femeninos los sustantivos que terminan en **"a"** o en **"d"** ejemplos:

la canasta, la taza, la mesa, la vanidad, la bondad, la caridad.

En este grupo encontramos algunas excepciones tales como:

el día, el problema, el axioma, el teorema…

Muchos de los sustantivos femeninos se forman a partir del masculino cambiando la última letra de la palabra o agregando una **"a"** ; ejemplos:

| el gato | la gata | el señor | la señora |
| el perro | la perra | el muchacho | la muchacha |

Partiendo del masculino, a algunos de ellos se les agregan algunos de los siguientes cambios en su terminación para formar el femenino: **esa, isa, ina, iz. Ejemplos:**

el conde	la condesa	el poeta	la poetisa
el rey	la reina	el héroe	la heroína
el actor	la actriz	el emperador	la emperatriz

En nuestro idioma, una gran cantidad de sustantivos tienen dos palabras totalmente distintas para designar los géneros de los sustantivos; veamos algunos de ellos:

el hombre,	la mujer	el toro	la vaca
el padre	la madre	la dama	el caballero
el caballo	la yegua		

Existen en el español algunos sustantivos que no admiten cambio alguno de su género, esto es, tienen una sola palabra ya sea para el masculino o bien para el femenino y no es posible cambiar dicho género. Ejemplos:

| la bondad | el celo | la caridad | el odio |
| la rabia | el hígado | la ley | el ataúd |

Otro grupo de sustantivos lo forman aquellos que se pueden aplicar a ambos géneros sin que la palabra en cuestión sufra cambio alguno en su forma, este grupo se conoce como el de **sustantivos ambiguos** y el único modo de diferenciarlos al momento de escucharlos o bien de utilizarlos es el uso del artículo; veamos algunos ejemplos:

| el mar | la mar | el verdugo | la verdugo |
| el joven | la joven | el mártir | la mártir |

Otro grupo de sustantivos que nos pueden hacer dudar si de lo que hablamos es femenino o masculino es el que se conoce como **epiceno**; estos son los sustantivos que se utilizan para denominar en forma general a los sustantivos sin hacer referencia al sexo de lo que se hable; así, por ejemplo en nuestra conversación solemos platicar acerca de la rana, la rata, la araña, el águila, el cocodrilo, etc. Sin mencionar en forma específica a cual de los dos sexos pertenecen los animales a los cuales hacemos mención. Por supuesto que si para efectos de la conversación se requiere la aclaración en cuanto al sexo de lo que estamos hablando siempre podremos hacerlo; bastara con decir por ejemplo:

La rata **macho** es un animal muy curioso.
El cocodrilo **hembra** suele trabajar más que el macho.

El número

El número puede ser de dos formas: singular y plural; esto es, podemos hablar de una sola cosa o de más de una. Los sustantivos plurales se forman a partir de los singulares, claro que esto sigue algunas reglas y son las que a continuación veremos.

Se les agrega una "s"

Un gran número de sustantivos cambian de singular a plural con el simple hecho de agregarles la letra "**S**", esto se hace con los sustantivos cuya terminación es **vocal no acentuada** o bien las vocales "**á, é, ó**" cuando llevan acento. Ejemplo:

| casa | casas | escritorio | escritorios |

| madre | madres | banco | bancos |
| café | cafés | dominó | dominós |

Se les agrega "es"

Otro grupo de sustantivos cambian de singular a plural al agregárseles la sílaba **"es"**, esto ocurre cuando los sustantivos terminan en **consonante** o bien en las vocales **"í, ú" acentuadas.** Ejemplo:

árbol	árboles	sillón	sillones	rubí	rubíes
bambú	bambúes	mandarín	mandarines	ángel	ángeles
carácter	caracteres	régimen	regímenes	cardumen	cardúmenes

Nótese que algunos de estos sustantivos cambian su acentuación al hacerse plurales.

Cambian la "z" por "c" y se les agrega "es"

Los sustantivos cuya terminación es **"z"** cambian ésta por la letra **"c"** y se les agrega **"es"** para formar su plural. Ejemplos:

| avestruz | avestruces | raíz | raíces | arroz | arroces |
| luz | luces | pez | peces | cruz | cruces |

Cambian con el artículo

Los sustantivos que terminan en **"s"** sin llevar acento en su última vocal cambian de singular a plural mediante el uso del artículo. Ejemplos:

| el lunes | los lunes | la caries | las caries |
| la crisis | las crisis | la tesis | las tesis |

XII

El pronombre

Es la categoría gramatical que puede sustituir al nombre o al sujeto de la oración; entonces, toda palabra que se encuentre en una oración sustituyendo a un nombre o a un sujeto será lógicamente un pronombre. Ejemplos:

Raquel no vive aquí.	**Ella** no vive aquí.
Mi hermano es doctor.	**Él** es doctor.
Los nuevos estudiantes llegarán mañana.	**Ellos** llegarán mañana.

Como se podrá ver, la función de los pronombres es únicamente la de sustituir unas voces por otras; es conveniente hacer notar aquí que el pronombre no sustituye únicamente al nombre, sino al sujeto de la oración y que dicho sujeto no siempre constará de una sola palabra sino que puede estar formado por más palabras, luego el pronombre no sustituye únicamente al nombre, sino a cualquier grupo de palabras que se encuentren ocupando el lugar del sujeto como puede apreciarse en los ejemplos anteriores.

Sujeto, sustantivo y objeto. ¿Confusos?

Es muy posible que en más de una ocasión la diferenciación de los elementos antes mencionados nos haya causado duda, para corregirla veamos lo siguiente:

Sustantivo es toda palabra que da nombre a seres, animales y cosas ya sean reales o abstractos.

Sujeto es quien realiza la acción del verbo.

Objeto es el sustantivo o sustantivos que por su ubicación en el enunciado recibe daño, provecho o beneficio derivado de la acción realizada.

¿Complicado? Veámoslo así:

Tanto el objeto como el sujeto y el sustantivo son nombres (nombre o sustantivo es lo mismo), ahora bien, en un enunciado podemos tener varios sustantivos pero uno solo será el sujeto (el que realiza la acción del verbo) y los demás sustantivos del enunciado serán objetos de la acción verbal, ejemplo:

Roberto compró **flores** para **Luisa** y **Julia.**

El enunciado anterior tiene cuatro sustantivos: **Roberto, flores, Luisa y Julia,** tiene un solo sujeto: **Roberto** que es quien realizó la acción del verbo, tiene un objeto que resulta afectado en forma directa por la acción realizada, las **flores** y finalmente tiene otros dos objetos que en forma indirecta van a recibir algún beneficio por la acción realizada **Luisa y Julia.**

Todo esto tiene una relación directa con los pronombres por que ellos sustituyen sustantivos y nuestro ejemplo anterior utilizando pronombres nos quedaría de esta manera:

Él las compró para ellas.   Él (Roberto), las (flores) y ellas
                                 (Luisa y Julia)

Existen diferentes tipos de pronombres:

personales	relativos	posesivos
demostrativos	interrogativos	indefinidos
reflexivos		

Personales

Son los que designan a las personas gramaticales, siempre sustituyen al sujeto del enunciado.

yo	nosotros	
tú	ustedes	
él	ellos	Ejemplo:

Jorge compró una casa en Guadalajara.
Él compró una casa en Guadalajara

Estos pronombres se utilizan en lugar del nombre de la persona o de la cosa a la que se hace referencia. Como ya se vio en el capítulo VII los pronombres personales guardan una estrecha relación con las personas; al igual que éstas, son básicamente tres: **yo, tú, él** con sus respectivos cambios en cuanto a género y número.

Debido a que los pronombres personales son las únicas palabras en nuestro idioma que conservan la declinación desinencial, tienen por esto distinta forma de acuerdo al oficio que desempeñan dentro del enunciado, ejemplo:

Primera persona
- Singular- yo, mi, me, conmigo
- Plural- nosotros, nosotras, nos

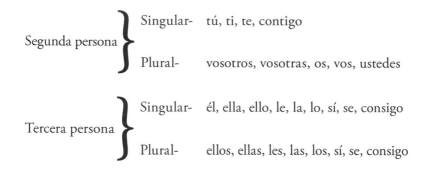

Segunda persona

Singular- tú, ti, te, contigo

Plural- vosotros, vosotras, os, vos, ustedes

Tercera persona

Singular- él, ella, ello, le, la, lo, sí, se, consigo

Plural- ellos, ellas, les, las, los, sí, se, consigo

Demostrativos

Son los pronombres que utilizamos para señalar, básicamente son solamente tres, pero de acuerdo a sus diferentes accidentes son más las palabras que utilizamos como demostrativos, ejemplo:

éste, ése y aquél son los tres pronombres demostrativos, pero de ellos se derivan todos los que siguen:

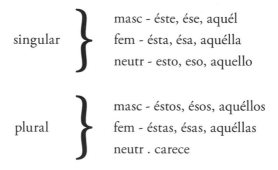

singular

masc - éste, ése, aquél
fem - ésta, ésa, aquélla
neutr - esto, eso, aquello

plural

masc - éstos, ésos, aquéllos
fem - éstas, ésas, aquéllas
neutr . carece

Debido a que todas las palabras que hemos designado como pronombres demostrativos pueden además funcionar como adjetivos demostrativos se hace necesaria la siguiente aclaración:

Son pronombres (y en tal caso se acentúan ortográficamente) cuando ocupan el lugar del nombre del objeto al cual hacen referencia. Cuando antecedan a un sustantivo son adjetivos y en tal caso no se acentúan ortográficamente, ejemplos:

> Mira, **este carro** lo compré hace cinco años, en cambio **éste** me lo trajo mi hijo hace un año.

Posesivos

Los vocablos **mío, tuyo, suyo y nuestro** con sus respectivos femeninos y plurales forman el grupo de pronombres posesivos; éstos tienen una doble función ya que además de ocupar el lugar del nombre del objeto al que se hace mención, nos enseñan a quién pertenece éste, v.gr:

> Mi libro está en el escritorio, **el tuyo** lo dejé sobre la mesa.

Sus formas completas son las siguientes:

Para un solo poseedor
singular: mío, tuyo, suyo, mía, tuya, suya
plural: míos, tuyos, suyos, mías, tuyas, suyas

Para varios poseedores
singular: nuestro, suyo, nuestra, suya
plural: nuestros, suyos, nuestras, suyas

La forma neutra de estos pronombres puede ser también para uno o varios poseedores, v.gr:

un poseedor	varios poseedores
lo mío, lo tuyo, lo suyo	lo nuestro, lo suyo

Indefinidos

Son las palabras que en un momento dado pueden funcionar como pronombres y cuya función en tales casos es la de designar de un modo vago o general a las personas o a las cosas a las cuales se refieren. **alguien, alguno, pocos, muchos, bastantes, suficientes, escasos, hartos ...** Éstas son, entre otras, algunas de las palabras que funcionan algunas veces como pronombres; debido a que algunas de estas palabras muchas de las veces son adverbios, habrá que verlas en cuanto su función ya dentro del enunciado; serán pronombres únicamente cuando se encuentren en lugar de un sustantivo, si están antes del sustantivo serán adjetivos. Ejemplo:

> **Como adjetivos:**
> **Muchos alumnos** votaron por ti, **pocos estudiantes** lo hicieron por él.
> **Algún cliente** vendrá que esté dispuesto a comprarlo.
> **Muchos muchachos** son llamados, **pocos alumnos** son elegidos.
> ¿**Alguna persona** entre ustedes querrá correr ese riesgo?

> **Como pronombres:**
> **Muchos** votaron por ti, **pocos** lo hicieron por él.
> **Alguien** vendrá que esté dispuesto a comprarlo.
> **Muchos** son los llamados, **pocos** los elegidos.
> ¿**Alguno** entre ustedes querrá correr ese riesgo?

Relativos

Se les llama pronombres porque hacen referencia a un sustantivo anterior el cual se conoce como antecedente; sirven además para introducir en el enunciado una oración subordinada de las llamadas adjetivas. Los pronombres relativos son **que, quien, cual, cuyo** y **cuanto** con sus respectivos femeninos y plurales (los que los admitan claro) ejemplos:

> Leí ya el libro **que** me prestaste.
> La persona a **quien** di las cartas es de absoluta confianza.
> El hombre **cuya** casa tú habitas es mi primo.

La voz **que** es invariable y se refiere siempre a personas o cosas, el pronombre **quien** admite el plural (**quienes**) y se refiere siempre a personas, **cual** admite la forma en plural (**cuales**) y siempre se refiere a personas o a cosas, la palabra **cuyo** admite el cambio de género y número y siempre hace referencia a la posesión de algo, **cuanto** es un relativo de cantidad.

Interrogativos

Con la excepción de **cuyo** y sus derivados, los pronombres relativos que mencionamos anteriormente pueden ser utilizados para inquirir por una persona o cosa cuya identidad desconocemos, en tales situaciones, los pronombres mencionados pasan a ser **interrogativos.** Ejemplo:

> ¿**Quiénes** vendrán a tu casa esta noche?
> ¿**Cuáles** piensas que sean las mejores obras de esta galería?

Reflexivos

Cuando los pronombres personales se juntan en el enunciado con los pronombres me, te, se, nos, seguidos de verbos tales como lavar, mirar, reír, vestir, etc., se forma lo que conocemos como una acción reflexiva; dicho de otra forma: ciertos verbos son susceptibles de conjugarse con dos pronombres resultando de esto, que la acción que el sujeto realiza vuelve a recaer sobre él mismo. Ejemplos:

Yo me visto en mi habitación

Ella se levanta a las seis de la mañana todos los días.

Nosotros nos desvelamos muy raramente.

XIII

El adjetivo

Se le define como la voz variable de la oración que modifica el sustantivo: admite cambio de género y número. Por medio de los adjetivos nos es dado conocer las cualidades individuales que poseen los sustantivos, así, por ejemplo si yo digo: **"Ayer vi un carro"** quien nos escuche podrá quizás tener muchas ideas o tal vez solo una idea muy vaga acerca del objeto que le mencionamos, ya que existen muchos y muy variados modelos de automóviles, pero si en cambio informamos: "Ayer vi un carro **pequeño** de color **azul** que aunque un **poco viejo** era bastante **cómodo.**" Nuestro interlocutor podrá tener una mejor idea acerca del objeto que le describimos. Las palabras **pequeño, azul, poco viejo y cómodo** definen el objeto del cual hablamos.

Pues bien, ésa es una de las características de los adjetivos, nos dicen algo más acerca del sujeto.

En la lengua española, los adjetivos se dividen en dos grandes grupos: **calificativos y determinativos.**

Calificativos

Los calificativos se subdividen en **epítetos, especificativos, predicativos, sustantivos adjetivados y frases adjetivas.**

Epítetos

Son los que expresan una cualidad esencial del sujeto. Ejemplo:

El cielo **azul**   La **blanca** nieve

El cielo, todos lo sabemos, siempre es azul y la nieve por supuesto que siempre es blanca; esto es, son cualidades que no cambian en estos sujetos.

Especificativos

Son los adjetivos que expresan una cualidad accidental del sujeto. Ejemplo:

El hombre **fuerte**   El **caudaloso** río

Aquí es fácil de entender que ni todos los hombres son **fuertes** ni todos los ríos son **caudalosos**, entonces, los sujetos que mencionamos en el ejemplo tienen esas cualidades pero son más bien accidentales y no esenciales como en los epítetos.

Predicativos

Son los adjetivos que expresan cualidades esenciales o accidentales del sujeto; se utilizan como conclusión de un enunciado y suelen ir después del verbo. Ejemplo:

El cielo está **nublado.**   La mañana se puso **triste.**   Luis está muy **enfermo.**

Sustantivos adjetivados

Al hablar del sustantivo dijimos que su función consiste en dar nombre a las cosas o personas, pero muchas veces ocurre que el sustantivo también sirve para calificar; cuando esto ocurre, decimos que el sustantivo en cuestión está adjetivado. Ejemplo:

El pez **espada**.   El caballero **tigre**.   El hombre **rana**.

Frases adjetivas

Se le conoce como frase adjetiva al conjunto de palabras que no tienen verbo en modo personal y que operan en su totalidad como un adjetivo. Ejemplo:

Brillante como un sol.   Inocente como un santo.

Determinativos

Los determinativos nos sirven para concretar la significación del sustantivo, limitan la extensión en que éste debe de tomarse. Los determinativos pueden ser: **demostrativos, posesivos, indefinidos y numerales**.

Demostrativos

Son los adjetivos **este, ese** y **aquel** con sus respectivos femeninos y plurales; por medio de ellos se establece una relación de tiempo y espacio con el sustantivo. Ejemplo:

Esta casa es nueva.   Me gustan **esos** vestidos.   La casa está entre **aquellos** árboles.

Posesivos

Nuestro y la forma apocopada **mi, tu** y **su** de los pronombres posesivos nos sirve para establecer una relación de propiedad o posesión con respecto a la persona que habla, la que escucha o bien de una tercera persona de la cual se habla. **Nuestro, mi, tu** y **su** con sus femeninos y plurales respectivos siempre se anteponen según el caso particular a los sustantivos de los cuales se hace mención. Ejemplo:

Me gusta **tu** <u>casa.</u>   Este es **mi** <u>libro.</u>   **Su** <u>hermano</u> no vino.

Les gustaron **nuestros** <u>caballos.</u>

Indefinidos

Son aquellos adjetivos determinativos que al acompañar al nombre le señalan una limitación de carácter un tanto vago. Son entre otras las voces **algún, cualquier, ningún... Ejemplos:**

Cualquier <u>muchacho</u> puede hacer eso.

Ninguna <u>persona</u> querrá comprar ese cuadro.

No he leído **ninguno** <u>de los libros</u> que me mencionas.

Numerales

Se llaman **adjetivos numerales** a aquellos que expresan con un número determinado la cantidad de algo, pueden también añadir a lo que determinan una idea de orden. Los numerales se subdividen en **cardinales, ordinales, partitivos y múltiplos**. Ejemplos:

Cardinales

un hombre   **tres** amigos   **cinco** casas

Ordinales

El **tercer** hombre de la fila.

La **última** persona que vino ayer.

El **quinto** día de la semana.

Partitivos

La mitad de la casa había sido destruida.
La tercera parte de los asistentes eran estudiantes.

Múltiplos

La Triple Alianza.   **El doble** de su valor real.

Grados de significación del adjetivo

Atendiendo a su forma de modificar a los diferentes sustantivos el adjetivo tiene tres grados distintos de significación; esto es, tres formas diferentes de indicar la cualidad del sujeto. Para analizar mejor esto, pensemos en cuatro sujetos que comparten una misma cualidad como podría ser por ejemplo la estatura. Veamos ahora las siguientes oraciones:

Luis es **alto**.
Raquel es **tan alta como** Luis.
Lupe es **más alta que** Raquel.
Jaime es **más alto que** Lupe.
Jaime es un muchacho **altísimo**.

Las oraciones anteriores nos ponen de manifiesto que las cualidades que poseen los sujetos no se dan en igual medida en todos los seres, así, nuestros cuatro sujetos comparten una cualidad en común: la estatura, pero ésta se da en diversos grados entre ellos; la significación puede entonces ser de tres formas: **positiva, comparativa y superlativa.**

Positivo

Esta forma de significación nos describe al ser sin ninguna alteración, deformación o comparación, nos señala únicamente la cualidad que el sujeto tiene. Ejemplo:

Luis es **alto**.   Raquel es **alta**.

Comparativo

Nos propone las diferencias o semejanzas entre las cualidades que poseen los sujetos. Ejemplo:

> Luis es **tan alto como** Raquel.
> Lupe es **más alta que** Raquel.

Superlativo

Esta forma de significación expresa la cualidad que posee un sujeto pero en grado máximo; no admite en este caso ninguna comparación. Ejemplo:

> Jaime es **altísimo.**   Jaime es **el** muchacho **más alto.**
> Vivieron durante mucho tiempo en una casa **paupérrima.**

Las formas del comparativo se auxilian siempre de los adverbios **tan, más** y **menos o menor** así como de las conjunciones **como** y **que**. El superlativo se forma agregando los sufijos **ísimo** o **érrimo** al grado positivo del adjetivo, dichos sufijos admiten además cambio en cuanto a género y número.

Momento y forma que se
traducen en acción,
movimiento, vida.

XIV

El verbo

Los verbos son las palabras que indican acciones. En todos los idiomas del mundo, los verbos son los vocablos más importantes, así que, si tratamos de comprender otro idioma es indispensable conocer el mayor número posible de palabras que nos indican acciones y por supuesto saber cómo utilizarlas; cuanto más de estas palabras conozcamos mejor podrá ser nuestro entendimiento de esa lengua.

Es pues el verbo la palabra por excelencia; significa variadamente esencia, existencia, acción pasión o estado. Es el vocablo más importante de todo el predicado; relaciona a éste con el sujeto y cuando tiene forma personal nos manifiesta cuatro cosas: la persona y número del sujeto así como el tiempo y modo de sí mismo.

Si digo por ejemplo **dormí**, con esta sola palabra estoy enunciando además de la acción realizada, la circunstancia de que se trata de un hecho real, que la persona que realizó esa acción soy yo y que esto ha ocurrido en un momento que ya pasó.

Todo verbo es conjugable, esto es, podemos presentar un verbo en la mayoría de sus **voces, modos, tiempos, personas y números**; de hecho, estos son todos los accidentes gramaticales que el verbo tiene además de la **conjugación.**

Las voces del verbo

El verbo tiene dos voces: **la voz activa y la voz pasiva**

La voz activa

Es cuando el sujeto ejecuta la acción que el verbo describe. Ejemplos:

Los toltecas **fundaron** Teotihuacan.
Los mayas **escribieron** su historia.
Los españoles **vencieron** a los aztecas.

La voz pasiva

Se forma cuando el sujeto recibe la acción que el verbo describe; por lo regular la voz pasiva se forma con el auxilio del verbo ser en cualquiera de sus formas y el pasado participio del verbo de significación del enunciado. Ejemplo:

Teotihuacan **fue fundada** por los toltecas.
El Popol Vuh **fue escrito** por los mayas.
Los aztecas **fueron vencidos** por los españoles.

Los modos y los tiempos

El modo es **la forma** que adopta un verbo de acuerdo a la manera de representar su acción. Tiempo es **el momento** en que la acción del verbo ocurre.

Para entender esto de mejor manera veamos lo siguiente:
Tomemos para ejemplo el verbo comer.
Si yo digo:

Ayer **comimos** en casa de Laura y hoy
comeremos en un restaurante.

Comimos (pasado) y comeremos (futuro) me indican los
momentos en que esas acciones se realizaron o se realizarán.

Si digo:

Mi madre no quiere que yo **coma** cosas irritantes.

Aquí el verbo **comer** ha tomado la forma **coma** para poder
expresar la acción a forma de deseo.

Como ya dijimos anteriormente, el modo es la forma que
adopta un verbo de acuerdo a la manera de representar su acción.
En el español tenemos cuatro modos que son: **indicativo,
subjuntivo, infinitivo** e **imperativo.** Para la explicación de los
diferentes tiempos que a continuación veremos se ha tomado la
nomenclatura ideada por el gramático venezolano Don Andrés
Bello por considerarla más sencilla que la ofrecida por la Real
Academia Española de la Lengua y por ser ésta la que más
utilizamos en Hispanoamérica.

El infinitivo.
Es el nombre de la acción, sus terminaciones son siempre
ar, er ir. Debido a que carece de tiempo, persona y número, el
infinitivo podría no ser considerado como un modo, sin embargo,
es una forma que el verbo adopta para dar nombre a las acciones
y no es esta forma del verbo menos importante que las demás.
Entre otros de sus usos está el de poder operar como sustantivo
y la de servir como complemento en el enunciado. (En la lengua
inglesa, el infinitivo va a resultar un modo extraordinariamente

útil para poder expresar con toda propiedad muchas expresiones del español). Veamos algunos ejemplos del infinitivo español:

> **El comer** y **el caminar** son buenos para la salud.
> Necesitamos **estudiar.**
> **El querer** y **el amar** no es lo mismo.

Por medio del infinitivo expresamos la acción sin que a ella se le unan personas gramaticales; no posee ni tiempo ni persona solamente formas verbales, en rigor, el infinitivo es el nombre del verbo.

El imperativo

Este modo expresa la acción del verbo a forma de mandato, exhortación o súplica. Se utiliza únicamente con la segunda persona ya sea ésta de singular o de plural y tiene un solo tiempo que se utiliza indistintamente para el presente o bien para el futuro. Ejemplos:

> **¡Corre** ahora que no te ven!
> **¡Abre** esa ventana!
> **¡Búscala** en cuanto puedas!

El indicativo

En todas las lenguas, el indicativo es el modo más usual, **en él los verbos expresan la significación de un hecho real y concreto en forma libre**, sin subordinación a la acción de otro verbo y sin manifestar mandato, exhortación o súplica. El modo indicativo tiene diez tiempos; cinco simples: presente, pasado o pretérito, futuro, copretérito y pospretérito y cinco compuestos: antepresente, antepasado o antepospretérito, antefuturo, antecopretérito y antepospretérito. Ejemplos:

Ellos **comieron** en la casa la semana pasada.

Mi hermano lo **visitará** la semana entrante.

Mi esposa **ha ido** a esa ciudad tres veces.

El subjuntivo

El subjuntivo expresa hechos no reales. Por medio de este modo, se expresa la acción de un verbo a forma de deseo, necesidad o voluntad del ser que habla, pero no está en sus posibilidades la realización de la acción que expresa sino en otro sujeto. Este modo tiene seis tiempos, tres simples: presente, pasado y futuro y tres compuestos: antepresente, antepasado y antefuturo.

Mi papá quiere que tú **manejes** el carro.

No quiero que **vayas** a su fiesta.

Ellos no quieren que tú **vengas** a vernos.

Todos conocemos muy bien la conjugación en indicativo pero cuando nos preguntan acerca del subjuntivo puede ser que la memoria nos traicione; así por ejemplo si nos piden conjugar el verbo comer podemos recitar:

yo como	yo comí	yo comeré
tú comes	tú comiste	tú comerás
él come	él comió	él comerá, etc.

Que son las conjugaciones propias del indicativo; ¿y el subjuntivo…? muchas veces no lo recordamos. Existe una estrategia para encontrar fácilmente las conjugaciones del subjuntivo basta con pensar: **es necesario que yo, que tú, que él…**y automáticamente caeremos en la forma de conjugación del verbo que necesitamos conjugar, por ejemplo:

Es necesario

que yo coma   que yo comiera
que tú comas   que tú comieras
que él coma   que él comiera, etc.

Los tiempos

Se entiende por tiempo el momento durante el cual la acción que el verbo describe toma lugar. Los diferentes tiempos de los verbos tienen su base en lo que podemos llamar perspectiva temporal humana la cual se representa por tres adverbios: **ayer, hoy y mañana**, sin embargo, esta dimensión temporal dentro de la cual nos movemos es insuficiente para designar o situar en su momento los diferentes momentos que el hombre ha ideado; así por ejemplo, en el modo indicativo tenemos diez tiempos distintos, en el subjuntivo tenemos prácticamente ocho, tenemos también el infinitivo y las formas propias del imperativo así como el gerundio, el participio pasado y la forma existencialista (haber).

Entonces, la perspectiva temporal humana se queda muy corta en relación a lo que son en realidad todos los tiempos y modos que tenemos para poder conjugar un verbo.

Ahora bien, uno de los problemas que nos presentan los tiempos es el de saber en forma precisa cómo situar las acciones que se describen en los momentos exactos en los que la acción ocurre; para esto, veamos a continuación qué nos indican cada uno de los diferentes tiempos.

Los tiempos del indicativo

Nos enuncian las acciones como **hechos reales.**

Presente

El tiempo presente indica que la acción descrita por el verbo se lleva a cabo en el momento que se habla; aunque en rigor, no sea ésta la única acepción que puede tomar este tiempo, ya que también puede indicar acciones duraderas, así, por ejemplo, si digo: "yo fumo cigarrillos" o bien, "Juanita trabaja en esta fábrica", no implica esto necesariamente que al momento que lo digo esté fumando un cigarrillo o bien que Juanita esté desempeñando sus labores precisamente en ese momento.

El presente se utiliza también para enunciar verdades permanentes o de duración indefinida; por ejemplo:

> La tierra **gira** alrededor del sol.
> Una hora **tiene** sesenta minutos.
> El idioma oficial de Argentina **es** el español.

Por medio del presente se expresan también acciones venideras; por ejemplo:

> El próximo domingo **hay** elecciones.
> **Salen** para Europa la próxima semana.

Muchos escritores, para dar más vida a lo que escriben, suelen utilizar lo que conocemos como presente histórico, el cual consiste en relatar hechos pasados como si estuviesen ocurriendo en el momento que se escribe, así, frecuentemente leemos:

> Cristóbal Colón **llega** a América luego de una larga travesía.
> Para quitarles a sus hombres toda idea de retorno, Cortés **manda quemar** sus naves.

Pasado

Este tiempo expresa una acción que se realizó antes del momento que se menciona; ejemplo:

Finalmente **comprendió** que era inútil discutir.

Cinco años después **regresó** a su patria.

Jorge **entregó** el examen, **tomó** sus libros y **salió** del aula.

Futuro

Un verbo está en tiempo futuro cuando la acción que describe no ha sido realizada al momento de hablar. Ejemplo:

Te **visitaremos** muy pronto.

Ellos **vendrán** a comer esta tarde.

Copretérito

Por medio de este tiempo se denota una acción pasada que tenía o tuvo cierto periodo de duración; se utiliza también para indicar acciones simultáneas que ocurrieron en el pasado. Ejemplos:

Sara **venía** a visitarme cada fin de semana.

Ella **dormía** cuando tú llegaste.

Lupita **vivía** atemorizada por su hermanastra.

Pospretérito

Un verbo está en tiempo pospretérito cuando la acción que describe se relaciona con otra acción ya pasada o bien, cuando indica la posibilidad de realizar dicha acción en lo futuro. Ejemplo:

Me aseguraron que **asistirían** a la recepción.

Pensé que no te **interesaría** ese libro.

Iría al baile, pero tengo mucho trabajo.

Antepresente

Este tiempo se utiliza para indicar acciones que al momento de hablar han quedado perfectamente delimitadas en el pasado; indica también las acciones que acaban de ser concluidas de manera total y se utiliza además para indicar acciones susceptibles de repetirse en un tiempo futuro. Ejemplos:

Se **ha declarado** la paz.

Ha finalizado con éxito la exposición de pinturas medievales.

Estos grupos humanos nos **han dejado** además sus tesoros, su historia y sus leyendas.

Andrea **ha viajado** dos veces por Europa.

Sus hermanos **han grabado** tres discos.

Antepasado

Por medio de este tiempo se indica una acción que es inmediatamente anterior a algo que ocurrió en un tiempo ya pasado. Ejemplo:

Se durmió en cuanto **hubo terminado** de comer

Salió en cuanto **hubo terminado** de llover.

Antefuturo

Con este tiempo se indica una acción venidera pero que es anterior a otra que habrá de ocurrir en el futuro. Ejemplo:

Para cuando él reciba la carta yo ya le **habré visitado**.

Yo ya **habré comprado** los diarios para cuando tú llegues.

Antecopretérito

Por medio de este tiempo se enuncia un hecho pasado que está en relación con otro hecho posterior, pero también ya pasado y entre los cuales media un espacio de tiempo indefinido. Ejemplo:

> Ella ya **había muerto** cuando él decidió buscarla.
> **Habían decidido** darle el premio, pero él ya
> **había abandonado** la ciudad.

Antepospretérito

Por medio de este tiempo se expresa una acción o un hecho futuro con relación a otro pasado, pero anterior a su vez con respecto a un tercero. Ejemplo:

Me aseguraron que para el lunes ya **habrían terminado** ese trabajo.
Pensábamos que para esa fecha ya **habría** usted **concluido** su curso.

Con lo anterior, hemos finalizado lo referente a los tiempos del modo indicativo, pasemos entonces a ver los diferentes significados de los tiempos del modo subjuntivo.

Los tiempos del modo subjuntivo

Como ya dijimos anteriormente, en **el modo subjuntivo, los verbos expresan su acción a forma de deseo o voluntad del ser que habla**, pero no está en su mano la realización de la acción que se ha nombrado, es por lo regular, otro sujeto quien tiene la facultad de llevar a cabo tal acción; esto es lo que nos marca la diferencia entre el subjuntivo y el indicativo, ya que este último nos habla de un hecho real, no como pensado sino ejecutado o por ejecutarse por el ser que lo enuncia. Teniendo en mente lo anterior, pasemos a ver lo que significa cada uno de los tiempos del subjuntivo.

Presente

Nos indica una acción sin precisarla exactamente en presente o en futuro, sino que los abarca a ambos. Ejemplos:

No hay motivos para que **dudes** de su veracidad.

¡Ojala que **llegue** pronto a su destino esta carta!

No **temas** a lo que el futuro te depara.

Pasado

Por principio de cuentas diremos que el pasado o pretérito de subjuntivo tiene dos formas y que éstas no siempre son equivalentes; así, cuando por ejemplo se dice: "nadie lo creyera", es lo mismo que decir: "nadie lo creería", pero no equivale a decir "nadie lo creyese". La forma de este tiempo por su carácter irreal se puede tomar como presente, pasado o incluso se puede aplicar a un futuro como en el siguiente ejemplo:

Te supliqué que **vinieses.**

Enunciado que lo mismo se puede referir al ayer, al momento presente o bien a un futuro. Veamos otros ejemplos:

Ella quería que tú la **recibieras**.

Ellos querían que él **fuera** por el bebé.

Ella quería que tú la **recibieses**.

Ellos querían que él **fuese** por el bebé.

Futuro

Este tiempo puede tener una connotación de presente a futuro, actualmente es poco usado en nuestro idioma, particularmente en la forma oral y ha quedado más bien relegado para cláusulas de carácter oficial, por ejemplo, cuando nos encontramos con escritos que rezan:

"…por lo tanto notifíquesele al interesado que si
para la mencionada fecha no se **presentare**…"

Antepresente

Este tiempo por su modo de significar, equivale al
antepresente de subjuntivo pero también equivale al antepresente
de indicativo y al antefuturo de indicativo. Ejemplos:

Antepresente de subjuntivo:	Dudo que **haya venido**.
Antepresente de indicativo:	No sé si **ha venido**.
Antepresente de subjuntivo:	Espero que mañana se **haya ido**.
Antefuturo de indicativo:	Mañana se **habrá ido** ya.

Antepasado

Dentro del estilo impreciso característico del modo
subjuntivo, se refiere a un hecho o a una acción ya pasada
con relación a otra que también ya pasó. Puede sustituirse este
tiempo por el antecopretérito o por el antepospretérito del modo
indicativo. Ejemplos:

Antepasado de subjuntivo:	Se dudaba que él lo **hubiese hecho**.
Antecopretérito de indicativo:	No se sabía que él lo **había hecho**.
Antepasado de subjuntivo:	Yo no lo **hubiera asegurado**.
Antepospretérito de indicativo:	Yo no lo **habría asegurado**.

Antefuturo

Este tiempo que cada vez está más en desuso se refiere a un
hecho futuro que no se da por finalizado en relación con otro
hecho futuro. Ejemplo:

Si para las nueve no me **hubieres llamado**, iré a tu casa.

Este tiempo también suele sustituirse por el antepresente de indicativo el cual es mucho más usual en el habla común. Ejemplo:

Si para las nueve no me **has llamado**, iré a tu casa.

El imperativo

Como ya se estableció antes, el modo imperativo tiene solamente un tiempo que se utiliza para indicar el presente y el futuro. Ejemplos:

Cierra esa puerta inmediatamente.
Cierra el libro en cuanto termines de leer.

El infinitivo

Como ya se dijo también, el infinitivo carece de tiempos.

Infinitivo, gerundio y participio

Estas formas se conocen como **modos impersonales del verbo**; en español conocemos **el infinitivo** e **infinitivo compuesto, gerundio** y **gerundio compuesto** y **el participio**. A continuación se presentan ejemplos del uso de cada uno de ellos en el orden que arriba aparecen:

No es recomendable **hablar** cuando se está comiendo.
Después de **haber comido** se retiró a su habitación.
Ella **está trabajando** en este preciso momento.
Habiendo cerrado la puerta, se sintió más seguro.
No **ha probado** bocado desde ayer.

Conjugación

La conjugación es el accidente gramatical característico del verbo; la conjugación equivale a presentar un verbo en todas sus voces, tiempos, números y personas. La terminación de los verbos ayuda a la conjugación de los mismos; en la lengua española los verbos pueden ser de primera, segunda o tercera conjugación, esto es en base a las tres terminaciones características de los verbos las cuales son: **ar, er, ir.**

Estas terminaciones son las que rigen a los verbos para su conjugación siempre y que estos verbos sean regulares. Tres verbos (**amar, temer** y **partir**) se han tomado como modelos de estas conjugaciones.

Clasificación de los verbos Por su modo

De acuerdo al modo de presentar su significación, los verbos se clasifican en cinco grupos: **transitivos, intransitivos, pronominales, unipersonales e impersonales.**

Transitivos

Los verbos transitivos exigen la presencia de un sujeto activo que realice la acción que el verbo expresa, dicha acción recae en forma directa sobre el acusativo también llamado complemento directo para en esta forma crear un pensamiento completo. Ejemplos:

Mi hermano **toca** el piano.
Jorge **venció** fácilmente a Luís.
Mis hermanas **aprendieron** un poema.

En los ejemplos anteriores, podemos ver que las acciones de **tocar, vencer** y **aprender** son realizadas por unos sujetos y recaen sobre otros que para nuestro caso vienen a ser: **piano, Luís** y **poema.**

Intransitivos

Los verbos intransitivos se forman cuando la acción expresada por el verbo y ejecutada por el sujeto no recae sobre el complemento, sino que queda en el sujeto mismo. Ejemplo:

Cristóbal Colón **nació** en Génova Italia
Ella **vive** en esa casona desde hace muchos años

Pronominales

Son los verbos que se pueden conjugar con dos pronombres de la misma persona y número. Ejemplo:

Yo me lavo.   **Ella se** retira del juego.   **Tú te** perdiste.   **Ellos se** sienten mal.

Ahora bien, los verbos pronominales se subclasifican en **reflexivos** y **recíprocos**. Son reflexivos cuando la acción que describen es ejecutada y recibida por el mismo ser del que se habla, lo cual es el caso de los ejemplos anteriores.

Son recíprocos cuando denotan intercambio de una misma acción entre dos o más seres, de tal suerte que la acción que es realizada por el ser número uno es recibida por el ser número dos y nuevamente la acción que realiza el ser número dos es recibida por el ser número uno. Veamos los siguientes ejemplos:

Romeo y Julieta **se amaban**.
Esos hombres **se odian** sin motivo alguno.

Unipersonales

Son los verbos que se conjugan únicamente con la tercera persona del singular o del plural; en muchos casos se utilizan para expresar acciones propias de los animales. Ejemplo:

El perro ladra.   El gato maúlla.   El león ruge.

Impersonales

Son llamados impersonales los verbos que se utilizan en la mayoría de sus casos, para designar los fenómenos naturales; de este hecho toman su nombre debido a que no es una persona la encargada de ejecutar la acción que el verbo describe; así, tenemos por ejemplo:

Llueve mucho en esta temporada del año.
Granizó ayer en la madrugada.
Nevó mucho el pasado invierno.

Clasificación de los verbos por su forma

De acuerdo a su forma los verbos se clasifican en **regulares, irregulares** y **defectivos.**

Regulares

Son los verbos que **norman su conjugación de acuerdo con la de los verbos modelo** (amar, temer, partir), ya sean de primera, segunda o tercera conjugación; estos verbos no cambian su radical al ser conjugados sino que la conservan al igual que el verbo modelo y al igual que éste siguen su conjugación; veamos los ejemplos:

amar	bailar	**temer**	comer	**partir**	escribir
yo amo	yo bailo	yo temo	yo como	yo parto	yo escribo
tú amas	tú bailas	tú temes	tú comes	tú partes	tú escribes
él ama	él baila	él teme	él come	él parte	él escribe

Irregulares

Son los verbos que **no siguen la conjugación de los verbos modelo**, estos verbos por lo regular cambian su radical o su terminación o ambas cosas al ser conjugados; veamos los ejemplos:

pensar	poder	ir
yo pienso	yo puedo	yo voy
tú piensas	tú puedes	tú vas
él piensa	él puede	él va

Defectivos

Son los verbos que no se pueden conjugar en todos sus tiempos (algunos) o con todas sus personas (otros), por lo anterior, los verbos impersonales se consideran defectivos; son acciones que no podría realizar una persona. Tomemos para ejemplo el verbo **llover,** no podemos decir: yo lluevo, tú llueves... no tendría sentido.

Clasificación de los verbos por su función

De acuerdo a sus funciones, los verbos se clasifican como **auxiliares, existenciales y conexivos.**

Auxiliares

Son los verbos que ayudan a formar la conjugación de los tiempos compuestos, se emplean con los participios de otros verbos para que éstos puedan expresar su acción. Algunos de ellos son: **haber, ser, estar.** Ejemplos:

Él **ha ganado** la partida.   Ellos **fueron derrotados**.   Ella **está dormida** ahora.

Existenciales

Son los verbos **ser** y **haber** cuando no cumplen su función de auxiliares; en tales casos expresan la idea de existencia y la persona gramatical no está bien definida o dicho de otra forma, no hay sujeto que ejecute la acción. Ejemplos:

Hay fiesta.   **Es** tarde.   No **hay** remedio.

Conexivos

Son los verbos **ser** y **estar** cuando se utilizan para enlazar un adjetivo predicativo al sujeto. Ejemplos:

El cielo **está** nublado.   La nieve **es** blanca.   La mar **está** picada.

Conjugación

Como ya anteriormente dijimos, conjugar un verbo equivale a presentarlo en todas sus voces, tiempos, números y personas; vamos a ver pues, la conjugación del verbo modelo **amar,** que es uno de los prototipos de la conjugación de todos los verbos regulares.

El modo indicativo

En el modo indicativo, los verbos presentan su significación de una manera real; es decir **el indicativo nos presenta hechos reales** que ocurren en cualquiera de sus tiempos. Veamos el ejemplo:

modo: **indicativo**   tiempos: **simples**   verbo: **amar**

presente		pasado	futuro	copretérito	pospretérito
yo	amo	amé	amaré	amaba	amaría
tú	amas	amaste	amarás	amabas	amarías
él	ama	amó	amará	amaba	amaría
nos.	amamos	amamos	amaremos	amábamos	amaríamos
uds.	aman	amaron	amaran	amaban	amarían
ellos	aman	amaron	amaran	amaban	amarían

Tiempos compuestos del modo indicativo

Los tiempos compuestos del modo indicativo se forman con la ayuda del verbo auxiliar haber conjugándose éste en cualquiera de sus respectivos tiempos de acuerdo al tiempo que sea motivo reconjugación y el participio pasado del verbo de significación de la oración; veamos algunos ejemplos:

modo: **indicativo**   tiempos: **compuestos**   verbo: **amar**

	antepresente	antepasado	antefuturo	antecopre térito	antepos pretérito
yo	he amado	hube amado	habré amado	había amado	habría amado
tú	has amado	hubiste amado	habrás amado	habías amado	habrías amado
él	ha amado	hubo amado	habrá amado	había amado	habría amado
nos.	hemos amado	hubimos amado	habremos amado	habíamos amado	habríamos amado
uds.	han amado	hubieron amado	habrán amado	habían amado	habrían amado
ellos	han amado	hubieron amado	habrán amado	habían amado	habrían amado

El modo subjuntivo

El modo subjuntivo nos enuncia hechos que no son reales. En el modo subjuntivo, los verbos expresan su acción a forma de deseo o voluntad a más de estar los verbos en cuestión subordinados a la acción de otros. Muchas veces pueda ser que no recordemos la forma correcta de conjugación en modo subjuntivo, pero para evitar este problema, basta con recordar lo siguiente: para conjugar un verbo en modo subjuntivo se piensa:

es necesario que yo…
es necesario que tú…
es necesario que él…

Agregándose después el verbo que es motivo de conjugación; por supuesto, esto no significa que se tenga que hablar o pensar en tal forma cada vez que se nos presenta la necesidad de utilizar el modo subjuntivo, esta estrategia se propone simplemente para auxiliarse en caso de que la conjugación de algún verbo llegue a presentar un problema.

El subjuntivo tiene seis tiempos que en realidad son ocho ya que tanto el pasado simple como el antepasado tienen primera y segunda forma. Para entender mejor esto, veamos los ejemplos:

modo: **subjuntivo**   tiempos: **simples**   verbo: **amar**

presente	pasado	futuro
que yo ame	que yo amara o amase	que yo amare
que tú ames	que tú amaras o amases	que tú amares
que él ame	que él amara o amase	que él amare
que nos. amemos	que nos. amáramos o amásemos	que nos. amaremos
que uds. amen	que uds. amaran o amasen	que uds. amaren
que ellos amen	que ellos amaran o amasen	que ellos amaren

El auxiliar para los tiempos compuestos del subjuntivo es también el verbo haber más el pasado participio del verbo de significación. Ejemplos:

modo: **subjuntivo**   tiempos: **compuestos**   verbo: **amar**

antepresente	antepasado
que yo haya amado	que yo hubiera o hubiese amado
que tú hayas amado	que tú hubieras o hubieses amado
que él haya amado	que él hubiera o hubiese amado
que nos. hayamos amado	que nos. hubiéramos o hubiésemos amado
que uds. hayan amado	que uds. hubieran o hubiesen amado
que ellos hayan amado	que ellos hubieran o hubiesen amado

antefuturo

que yo	hubiere amado
que tú	hubieres amado
que él	hubiere amado

que nos.   hubiéremos amado
que uds.   hubieren amado
que ellos   hubieren amado

El modo imperativo

El modo imperativo nos presenta la acción del verbo a forma de mandato, exhortación a súplica, Tiene un solo tiempo el cual es utilizado indistintamente para el presente y para el futuro. Los verbos en el imperativo se conjugan únicamente con la segunda persona ya sea singular o plural. Ejemplos:

tú ⎫ come   ustedes ⎫ coman
   ⎬ juega   ⎬ jueguen
   ⎭ vive   ⎭ vivan

El modo infinitivo

El infinitivo no tiene tiempos ni números ni personas, es simplemente el nombre de la acción; sus terminaciones son tres: **ar, er, ir**. Muchas de las veces hace el oficio de sustantivo o se utiliza como complemento en algunos enunciados; ejemplos:

El saber es una buena herencia
Comer es una necesidad para todos los seres vivos.

Este caballo va a **ganar**
Betty no quiere **regresar**

XV

El adverbio

El adverbio es la categoría gramatical clasificada como invariable que **nos sirve para modificar verbos, adjetivos o bien a otro adverbio.** Cuando modifica a un verbo, el adverbio nos dice como fueron realizadas las acciones que describen los verbos. El adverbio nos dice la intensidad de un adjetivo o incluso de otro adverbio cuando hace una modificación sobre alguna de estas dos categorías. Para comprender mejor, veamos los siguientes ejemplos:

> Rita habló **claramente** con su pretendiente.
> Ese vestido es **extremadamente** caro.
> Susana abrió la puerta **muy** lentamente.

En los ejemplos anteriores, "Rita" realizó la acción de hablar, pero esta acción la efectuó de una manera específica: **claramente.** Nuestro siguiente sujeto (el vestido) tiene una característica: es caro, pero ¿hasta qué punto?, el adverbio nos da la respuesta: **extremadamente.** Finalmente, Susana realizó la acción de abrir la puerta, y el adverbio **lentamente** nos dice en qué forma fue hecha la acción, pero al anteponer al adverbio **lentamente** otro adverbio **muy**, la acción descrita es intensificada: **muy lentamente.**

Las anteriores son las modificaciones que el adverbio puede hacer sobre el verbo, el adjetivo o bien, sobre otro adverbio.

De acuerdo a su forma de modificar otras palabras, los adverbios se clasifican de distintas formas:

De lugar

Son los adverbios que nos indican dónde se encuentra algo, por ejemplo:

aquí, allá, allí, ahí, cerca, lejos…

De tiempo

Son los que hacen referencia al momento, son entre otros:

ayer, hoy, mañana, antes, después, siempre…

De modo

Son los que indican de qué forma la acción fue realizada, ejemplo:

bien, mal, así, despacio, fácilmente, rápidamente…

Una gran mayoría de adverbios de modo se forman agregando el sufijo **mente** al adjetivo. Ejemplos:

simple	simple**mente**	fácil	fácil**mente**
natural	natural**mente**	sencillo	sencilla**mente**
fiel	fiel**mente**	mortal	mortal**mente**

De cantidad

Son los que se utilizan para determinar un límite, por ejemplo:

más, bastante, mucho, poco, harto, nada, cuánto...

De orden

Son los que indican sucesión de eventos de algún hecho, por ejemplo:

primeramente, finalmente, últimamente, sucesivamente...

De afirmación

Como su nombre lo indica, se utilizan para afirmar, entre otros son:

sí, cierto, ciertamente, también, realmente...

De negación

Son los que se utilizan para negar, entre otros tenemos:

no, nunca, jamás, tampoco...

De duda

Son los que se utilizan para indicar la probabilidad de algún hecho, ejemplos:

Acaso, quizás, tal vez...

De comparación

Son las palabras que se utilizan en enunciados que denotan una comparación entre dos o más sujetos, entre ellos tenemos:

tan, mayor, menor, mejor, peor...

Debido a que la función del adverbio al igual que la del adjetivo es la modificar otras palabras, muchas veces en el uso pueden confundirse, para dejar este punto más claro, veamos los siguientes ejemplos:

Muchas personas abandonaron la sala.
Jorge lamentó **mucho** no poder ayudarlo.

En nuestra primer oración, la palabra **"muchas"** tiene función de adjetivo y ejerce una modificación directa sobre el sustantivo personas, el verbo de este enunciado (abandonar), no está sufriendo ninguna modificación. En nuestro siguiente ejemplo, el verbo del enunciado (lamentar), está siendo modificado por el adverbio **"mucho"** y nos indica en qué medida o con qué intensidad la acción se desarrollo.

Aún cuando en rigor, como ya se mencionó en líneas atrás, el adverbio es una categoría gramatical invariable, en varios países de habla hispana la gente suele usarlos frecuentemente dándoles terminaciones como si se tratase de diminutivos, ejemplos:

cerquita, nadita, todito, prontito...

No es tan difícil reconocer los adverbios, simplemente hay que recordar que todas las palabras que pueden dar la respuesta a las preguntas **¿dónde?, ¿cuándo?, ¿cómo?** y **¿cuánto?** Son adverbios, veamos los siguientes ejemplos:

Luisa vive bastante lejos del centro.
Ellos vendrán a verte muy pronto.
La mujer se desplomó pesadamente sobre el diván.
El hombre caminó mucho por aquellos desolados parajes.

En los cuatro ejemplos anteriores se pueden formular las siguientes preguntas:

¿Dónde vive Luisa?	Lejos	(bastante lejos)
¿Cuándo vendrán ellos?	Pronto	(muy pronto)
¿Cómo se desplomó la mujer?	Pesadamente	
¿Cuánto caminó el hombre?	Mucho	

Para finalizar, existen ciertos grupos de palabras que expresan ideas de adverbios, estas expresiones se conocen como frases o locuciones adverbiales, ejemplos:

A cada instante.	A ciegas.
A carcajadas.	A destajo.
A pedir de boca.	A pie juntillas.
De buenas a primeras.	De antemano.
En efecto.	Por lo regular.
Sobre la marcha.	En un abrir y cerrar de ojos.
Tarde o temprano.	De cuando en cuando.

XVI

La preposición

Las preposiciones nos sirven para enlazar, es la categoría gramatical invariable que determina o concreta el significado de la palabra que le sigue en relación con la que le precede. Las preposiciones son importantísimas puesto que sin ellas, los enunciados dejarían de tener sentido, para ejemplificar lo anterior, veamos el siguiente enunciado del cual se han eliminado las preposiciones; nótese que aún cuando consta de sujeto, verbo y complemento, no nos ofrece un sentido completo, compárela después con la oración siguiente la cual ya tiene las preposiciones.

La hermana Miguel platicaba Ricardo el portal ayer.
La hermana **de** Miguel platicaba **con** Ricardo **en** el portal ayer.

Las preposiciones **de, con** y **en** al igual que las otras diez y seis del idioma español son palabras que revisten capital importancia para el entendimiento total de un enunciado; indispensables en cualquier escrito por corto que éste sea.

a, ante, bajo, cabe, con, contra, de, desde, en, entre, hacia, hastā, para, por, según, sin, so, sobre, tras.

Son las diez y nueve preposiciones que utilizamos en la lengua española; éstas se dividen en propias e impropias, o, para mejor entenderlo, en separadas y separables.

Aunque todas las preposiciones se pueden utilizar como palabras independientes en el enunciado, algunas de ellas se utilizan muchas veces como parte de dicción yuxtapuesta. Entonces tenemos que las separadas son cinco: **cabe, desde, hacia, hasta, según.** Se les llama así porque siempre se manejan como voces separadas y no como parte de otra palabra.

Las separables son las catorce restantes y reciben este nombre debido a que se utilizan en ciertas ocasiones como parte de otras voces, por ejemplo:

atraer, **en**cima, **con**discípulo, **sin**razón, **ante**ojos.

Como ya se estableció al principio de este tema, la preposición es un elemento que sirve para enlazar palabras en el enunciado; así pues, por medio de ellas se unen por ejemplo:

Un sustantivo con un verbo

Reinaba **en** la casa un silencio total.
Tomás trabajó **con** mi hermano durante varios meses.
Ella pensaba **en** su familia frecuentemente.

Un sustantivo con otro sustantivo

Jamás tuvo noticias **de** sus amigos.
Habíamos estado vigilando la casa **de** Arturo.
Le regaló un anillo **de** oro.

Un sustantivo con un adjetivo

Ella se sentía muy feliz **en** mi casa.
Helena se sintió muy deprimida **por** el accidente.
Jorge era extremadamente afortunado **en** el juego.

Uno de los retos que nos presentan las preposiciones es su uso correcto, para emplearlas adecuadamente, es necesario conocer qué nos indica cada una de ellas. A continuación se dan ejemplos del uso más común de algunas preposiciones.

La preposición **a**, indica dirección, término, determina el lugar o el tiempo en el que algo ocurre, indica el modo de realizar algo y puede también ser utilizada para determinar la situación de algo o de alguien. Ejemplos:

Posiblemente vaya **a** tu casa el domingo.
Ella confiaba poder llegar **a** la otra orilla.
El visitante llegó **a** media noche.
El hombre acortaba la distancia **a** grandes pasos.
A espaldas de la capilla había un pequeño jardín.

La preposición **con** nos puede indicar el medio para hacer algo, cuando se antepone a un infinitivo equivale a un gerundio, y, puede también expresar compañía o contenido. Ejemplos:

Ella calmó su ira **con** palabras tiernas.
Con verla simplemente, la paz volvía a su espíritu.

Anoche estuve **con** tus amigos.

Llegó otra camioneta **con** equipo de rescate.

Una de las preposiciones más usuales y que mayor diversidad de significados tiene es precisamente **de**. Por medio de ella, se denota la pertenencia, la materia de la cual algo está hecho, el origen o la procedencia de algo o de alguien, la forma de realizar algo, determina el tiempo en el cual algo ocurre, puede expresar la naturaleza o condición de algo o de alguien y finalmente, también puede ser utilizada para indicar el contenido de algo. Ejemplos:

Esta es la nueva casa **de** mi hermano.

Había un sombrero **de** fieltro sobre la mesa.

Ramiro viene **de** buenos Aires.

Cayó **de** rodillas a sus pies.

Lloraba **de** día y **de** noche.

Es una familia **de** buenas costumbres.

La preposición **en** nos indica un lugar, expresa tiempo, cuando se emplea en frases adverbiales nos indica el modo como se realiza algo, denota el medio para algo, tiene en ciertos casos la idea de frecuencia y cuando antecede a un infinitivo puede suplir a **por**. Ejemplos:

Estuvimos **en** el extranjero todo el año.

Viajaron a España **en** 1983.

Durante largo rato hablaron **en** secreto.

Platicamos **en** inglés durante todo el día.

Dio **en** comprar cuanto le era ofrecido.

Hasta nos expresa un límite ya sea éste en el espacio, en el tiempo o bien, en cuanto a una cantidad.

Ellos caminaron **hasta** la estación del tren.

Piensa cantar **hasta** quedar ronco.

Ofrecen **hasta** medio millón de pesos por este viejo carro.

La preposición **para** nos denota un fin o un propósito, puede también señalar un término o bien, indicar una comparación. Ejemplos:

> Este lápiz es **para** dibujar.
>
> **Para** entonces yo ya habré regresado.
>
> Trabajas mucho **para** lo que te pagan.

La preposición **por** se utiliza cuando se quiere indicar un lugar indeterminado, algún periodo de tiempo sin definirlo exactamente, denotar alguna causa, señalar el medio para algo, indicar una equivalencia o sustitución o bien, expresar una finalidad. Ejemplos:

> Las mariposas revoloteaban **por** el jardín.
>
> **Por** aquel tiempo yo no vivía en México.
>
> Se los devolví **por** correo.
>
> Raúl firmará **por** nosotros.
>
> Fueron **por** la victoria y la consiguieron.

XVII

La conjunción

La conjunción es la categoría gramatical invariable que nos sirve para enlazar palabras u oraciones que tengan el mismo valor gramatical o un valor distinto. Las conjunciones se dividen en coordinantes y subordinantes.

Las coordinantes son las conjunciones que utilizamos para unir enunciados independientes: Ejemplo:

Encontré la casa en desorden.
Vine del trabajo.
Vine del trabajo **y** encontré la casa en desorden.

En los ejemplos anteriores, las dos primeras oraciones son principales, en la tercer oración, están ya unidas dándole una idea completa al pensamiento por medio de la conjunción **y.**

Las conjunciones subordinantes son las que enlazan una oración subordinada a una oración principal.

Las conjunciones al igual que las preposiciones, nos sirven para enlazar los diferentes elementos que forman el enunciado; por supuesto que tan importantes son las unas como las otras puesto que sin ellas el pensamiento carece de sentido; otra similitud entre ambas es su forma específica de operar una vez dentro del enunciado, de esto se deduce que, al igual que las preposiciones, las conjunciones tienen también su clasificación; pueden ser:

Copulativas

Son las conjunciones **y, e, ni, que.** Son utilizadas para unir oraciones; **y, e, ni,** se utilizan también para unir elementos de igual función dentro del enunciado. Ejemplos:

> Alberto quiere estudiar **y** trabajar.
> No deseo **ni** leer **ni** escribir.
> Queremos **que** vengas a visitarnos.

Disyuntivas

Son las que denotan separación, diferencia o alternativa; ellas son: **o, u, ya, bien, sea, que, ora.** Ejemplos:

> Llegará tarde **o** temprano.
> Trabajaba duramente **ya** con el pico, **ya** con la pala.

Adversativas

Son las que denotan adversidad o contraposición; ellas son: **mas, pero, empero, sino, sin embargo, no obstante, aunque, al contrario, antes bien, siquiera, a pesar de...** Ejemplos:

> Quiero verla, **mas** no en este momento.
> Es muy bonita, **pero** nada inteligente.
> Ese libro es importante **aunque** un poco aburrido.

Ilativas

Las conjunciones ilativas se conocen también como consecutivas; como su nombre lo indica, expresan ilación o consecuencia; ellas son: **con que, luego, pues, por consiguiente, así que, por lo tanto, ahora bien...** Ejemplos:

> Ellas vendrán **pues** necesitan nuestra ayuda.
> No tienen dinero, **por lo tanto**, no nos pagarán.
> Necesito verla, **así que** anúnciale que aquí estoy.

Causales

Este tipo de conjunciones se utilizan para indicar la causa o denotar la razón de de lo que se está tratando; ellas son: **que, pues, porque, ya que, en razón de que, puesto que, supuesto que...** Ejemplos:

> Lo hicieron así **porque** en esa forma se los ordené.
> Vine a verte **ya que** tú no tienes tiempo de visitarme.
> **Puesto que** no comiste, no podrás salir a jugar.

Condicionales

Son las conjunciones que nos señalan alguna condición o circunstancia para fin de que una acción se lleve a efecto; ellas son: **si, con tal que, siempre que, dado que, como, ya que, en caso que...** Ejemplos:

> Iré a tu fiesta **siempre que** no lo invites a él.
> Le dirás que me espere **en caso que** él llegase primero que yo.
> Hablaré con ella **con tal que** te calmes.
> Es capaz de todo **con tal de** no trabajar.

Finales

Nos indican el fin u objeto de una acción; ellas son: **para que, a fin de que, con objeto de …** Ejemplos:

Estudia **para que** aprendas.

Comparativas

Son las que denotan comparación. Ellas son: **como, como que, así, así como, tal como…** Ejemplos:

Debes ayudarlo **como** él te ayudó en su momento.
Lo trata **como si** fuera un extraño.

Temporales

Son las conjunciones que envuelven una idea de tiempo; ellas son: **después que, tan pronto como, mientras que, antes que…** Ejemplos:

Hablaba por teléfono **mientras que** ella buscaba los datos.
Vine a verte **tan pronto como** lo supe.
Deseaba verla **antes de que** partiera para siempre.

Las frases conjuntivas

A lo largo del presente tema hemos utilizado conjunciones como: **tan pronto como, así que, por más que, en tanto que** y algunas otras; es conveniente entonces aclarar que cuando a las conjunciones se les unen preposiciones o adverbios y se utilizan en tal forma que tienen en el enunciado el valor de una conjunción, la frase completa así formada recibe el nombre de frase conjuntiva.

Una posible confusión

conque	(así que, entonces)	**porque**	(debido a)
con que	(con el cual)	**por que**	(por lo cual)

Para evitar confundir el pronombre relativo **"que"** cuando es precedido por una preposición con las dos conjunciones arriba mencionadas basta con notar que **"conque"** se puede sustituir por **"así que"**, mientras que **"con que"** tiene la acepción de **"con el cual"**. **"porque"** puede ser sustituido por **"debido a"**, en tanto que **"por que"** puede ser sustituido por la expresión **"por lo cual"**. Veamos los siguientes enunciados:

Me debes y tienes dinero, **conque** págame.

Me debes y tienes dinero, **así que** págame.

No vino a verte **porque** no quiso.

No vino a verte **debido a que** no quiso.

Es muy poco el dinero **con que** cuento.

Es muy poco el dinero **con el cual** cuento.

Esta es la causa **por que** anoche no pude venir.

Esta es la causa **por la cual** anoche no pude venir.

XVIII

La interjección

La interjección es la categoría gramatical invariable por medio de la cual se expresan diferentes estados de ánimo tales como **sorpresa, asombro, dolor, indignación alegría...**

La interjección no forma en sí parte del enunciado, pero suele ser muchas veces el equivalente de una oración completa; así, por ejemplo, cuando decimos: **¡Eh!**, esta sola expresión puede significar varias cosas, por ejemplo: **"¿Qué me dijo?, ¿qué es lo que pasa?, escuche lo que le digo, hágame caso..."** Todo depende del contexto, esto es el tono en que se diga y la situación en la cual la aludida expresión se utilice.

Muchas de las veces repetimos las palabras que operan como interjecciones; esto se hace con el fin de darle más énfasis a la expresión, por ejemplo:

¡Vaya, vaya!   **¡Ya, ya!**   **¡Fuego, fuego!**

Las interjecciones pueden ser propias o impropias, son propias las que siempre hacen la función de interjecciones, por ejemplo:

¡Eh!   ¡Bah!   ¡Oh!   ¡Ah!   ¡Ay!

Las interjecciones impropias se forman cuando ciertas palabras que no son de hecho interjecciones desarrollan en forma accidental las funciones de éstas, por ejemplo:

¡Vaya!   ¡Bueno!   ¡Válgame Dios!   ¡Anda!

ÍNDICE

I

Inglés

El inglés, al igual que el español, es uno de los muchos idiomas que se hablan en el mundo. Actualmente el ser humano tiene diversas formas de comunicación, sin embargo, es el lenguaje oral el que más frecuentemente utilizamos y el que en forma natural heredamos de nuestros progenitores para posteriormente legarlo a nuestra descendencia.

A lo largo de la historia del mundo, podemos ver como ciertos grupos humanos han tenido una influencia sobre otros en ciertas áreas; en su momento, el latín, el francés y el español tuvieron su importancia cultural y lingüística para el mundo, esto no es un hecho aislado o raro, con el pasar de los siglos y sin que nadie lo elija, un idioma llega a tener cierta importancia por sobre todos los demás o en forma específica, para algún grupo de seres humanos en particular.

En nuestro momento y a nivel mundial, nadie puede negar la importancia que reviste la lengua inglesa y los beneficios que aporta el manejar este idioma. Así pues, es por demás importante para muchas personas en todo el mundo conocer, si no a fondo, por lo menos de manera básica este idioma.

Los idiomas que se hablan en el mundo, podrán tener muchas diferencias, pero afortunadamente, también tienen muchas similitudes; la gramática es la base de cualquier idioma y es aquí donde encontramos las similitudes que nos pueden ayudar a comprender mejor otra lengua. Dicho de otra forma, un verbo es una palabra que indica una acción y este concepto opera igual en cualquier lengua del planeta; que su pronunciación así como su conjugación, se rijan por diferentes reglas de un idioma a otro es lógico, pero esencialmente, el verbo opera de igual manera en todas las lenguas por diferentes que éstas sean.

La idea del presente trabajo es la de hacer notar las diferencias y similitudes existentes entre el español y el inglés, esto, por supuesto, en lo que respecta a sus aspectos gramaticales básicos.

II

The article

Al igual que en el español, el artículo es la palabra que antecede al sustantivo; se divide en **definido** e **indefinido**. El definido tiene una sola forma de escritura **(the)** y dos pronunciaciones distintas, el indefinido tiene dos formas: **a, an.**

Definido

Como en el español, lo utilizamos para designar un sujeto conocido por ambos interlocutores.

The doctor asked for you.   El doctor preguntó por ti.

En este caso, ambas personas saben acerca de qué doctor se está hablando.

Indefinido

A doctor asked for you.   Un doctor preguntó por ti.

En este caso, cuando nos dicen **a doctor**, no nos es dado saber de quién se trata.

El definido **the** se pronuncia "dha" cuando se antepone aun sonido consonante y "dhi" cuando se antepone a un sonido vocálico como en los siguientes ejemplos:

the mountain,	**the** table,	**the** door,	**the** chair,	**the** book.
the altitude	**the** apple	**the** engineer	**the** orange	**the** angel

El indefinido **a** y **an** tiene también su uso específico; utilizamos **a** cuando el sustantivo que le sigue se inicia con un sonido consonante y **an** cuando el sustantivo que le sigue inicia con un sonido vocálico. Ejemplos:

a child,	**a** dress,	**a** church,	**a** country,	**a** man.
an artist,	**an** engineer,	**an** hour,	**an** umbrella,	**an** apple.

A diferencia del español, las formas **a** y **an** del indefinido en inglés, se usan únicamente en el singular.

Es muy frecuente en la lengua inglesa la omisión o el uso de los artículos en enunciados que para el gusto de la lengua española deberían o no llevarlos, por supuesto aquí no podemos hablar de un arreglo entre ambas lenguas por lo que lo mejor es aceptar la norma que cada lengua impone. Veamos los siguientes ejemplos:

Algunos casos en los que se omite.

Truth is beauty, beauty is truth.
La verdad es belleza, **la** belleza es verdad.
Engineers must study a lot.
Los ingenieros deben estudiar mucho
I like painting and history.
Me gustan **la** pintura y **la** historia.

We saw him last Friday.
*Lo vimos **el** viernes.
He lives in Reforma Street.
Él vive en **la** calle Reforma.
My stomach hurts.
Me duele **el** estómago.

*A propósito, en el español los nombres de meses y días se escriben con minúscula excepto en casos especiales, en inglés, los nombres de los meses y los días siempre se escriben con mayúscula.

Por supuesto que aquí se tendrá que aceptar el punto de vista de la lógica inglesa, veamos por ejemplo el enunciado:

We saw him last Friday.
Lo vimos **el** viernes pasado.

Aún cuando en el español se hace necesario el uso del artículo para referirnos a "**el** viernes pasado", en la lengua inglesa se elimina el artículo **(the)** debido a que esta palabra se utiliza en el inglés para determinar y puesto que entre la presente semana y la anterior solo existió un día denominado viernes, el sustantivo queda ya de por sí determinado.

Lo contrario de esto, puede ser lo siguiente: esto es, casos en los que en inglés se hace necesario el uso del artículo en tanto que en español se omiten, ejemplos:

He is **a** doctor	Él es doctor
A thousand books.	Mil libros.
She left without **a** coat.	Ella salió sin abrigo.
What **a** rainy day.	Qué día tan lluvioso.
I never did such **a** thing!	¡Nunca hice tal cosa!

III

The noun

El sustantivo es la voz irregular que nos sirve para designar al sujeto de la oración, nombra seres animales, objetos y cualidades o palabras que operan como sustantivos ya sean concretos o abstractos. Los sustantivos en inglés, tanto como en español, se clasifican en propios y comunes; los sustantivos propios son los que designan nombres de personas, ciudades, países o lugares específicos. Los comunes son los que designan los nombres de objetos y animales sin conferirles característica alguna que los diferencie de los demás de su misma especie.

En la lengua inglesa el sustantivo tiene cambio de género y número; el género puede ser masculino, femenino o neutro.

Masculino

Designa al varón, al animal macho y a los sustantivos que nombran dignidades o empleos tomados tradicionalmente para los hombres, ejemplos:

dog, horse, king, boyfriend, nephew, man, husband, waiter...

Femenino

Designa a la mujer, a los animales hembras y a las dignidades o empleos tomados en forma tradicional para las mujeres. Ejemplos:

mule, princess, queen, niece, daughter, bride, girlfriend, mother, sister, maid...

Neutro

El género neutro, designa todo aquello que pertenece al mundo de lo inanimado. Aquí, nos encontramos con otra de las diferencias con el español, en la lengua española sustantivos como **carro** o **mesa**, por su terminación pertenecen al género masculino o femenino, en tanto que en el inglés, los sustantivos **car** y **table**, pertenecen al género neutro, ya que para la lógica de la lengua inglesa por ser objetos que carecen de sexo no se les puede clasificar ni como masculino ni como femenino.

En cuanto a su género, los sustantivos pueden ser:

De género irregular

En la lengua inglesa muchos sustantivos tienen palabras distintas para designar el masculino y el femenino, por ejemplo:

masculino	femenino	masculino	femenino
bachelor	spinster	husband	wife
boy	girl	nephew	niece
brother	sister	son	daughter
king	queen	widower	widow
uncle	aunt	man	woman

Cambian con el sufijo ess

El sufijo **ess** se agrega al masculino para formar el femenino. Ejemplos:

masculino	femenino	masculino	femenino
baron	baron**ess**	priest	priest**ess**
heir	heir**ess**	prophet	prophet**ess**
lion	lion**ess**	prince	princ**ess**
waiter	waitr**ess**	actor	actr**ess**
tiger	tigr**ess**	emperor	empr**ess**

Como se podrá observar en los últimos cuatro ejemplos, muchas veces debido a la ortografía de la palabra, se hace necesario hacer un pequeño cambio en la forma de escribirla.

Común para ambos géneros

Muchos sustantivos de la lengua inglesa tienen la misma palabra para el femenino y el masculino, la solución para aclarar estas ambigüedades la suele ofrecer el contexto. Ejemplos:

child, baby, friend, cousin, neighbor, servant, bear, doctor, teacher...

The **baby** is a **girl.**   My **cousins** are **Louis and Esther.**

En muchos de los casos se utilizan los pronombres **he, she** o las palabras **male, female** para aclarar:

I want a little **she** dog for my niece.	My brother wants a **he** cat.
Quiero una perrita pequeña para mi sobrina.	Mi hermano quiere un gato macho.
He is looking for a **female** little dog.	He wants a **male** cat.
Él está buscando a una perrita.	Él quiere un gato macho.

El número

Como ya dijimos, el número puede ser singular o plural; esto tanto en inglés como en español se sujeta a ciertas reglas que por supuesto difieren de un idioma a otro.

Forman su plural con la letra s (regla general)

La forma más común de cambiar un sustantivo de singular a plural es agregándole la letra **s** al final del sustantivo; la mayoría de los sustantivos aceptan este cambio. Ejemplos:

singular	plural	singular	plural
book	books	tree	trees
desk	desks	light	lights
chair	chairs	pen	pens
bed	beds	tape	tapes

Forman su plural agregando es

Los sustantivos cuya terminación sea **s, ss, sh, ch, x, o,** forman su plural agregando el sufijo **es** al final de la palabra. Ejemplos:

singular	plural	singular	plural
bus	buses	class	classes
dress	dresses	box	boxes
fox	foxes	church	churches
brush	brushes	watch	watches

Es conveniente aclarar que cuando la terminación **ch** tiene el sonido de **k** como en la palabra **monarch** su plural se forma siguiendo la regla general, esto es, se le agrega la letra **s** al final de la palabra:

monarch   monarchs

Sustantivos terminados en la letra o

Cuando un sustantivo termina en la letra **o,** se tienen dos opciones para formar su plural; primero, cuando la letra **o** está precedida por una consonante su plural se forma agregándole la sílaba **es** al final y cuando la letra **o** está precedida por una vocal se sigue la regla general, esto es, se le agrega la letra **s.** Ejemplos:

singular	plural	singular	plural
tomato	tomato**es**	potato	potato**es**
hero	hero**es**	buffalo	buffalo**es**
ratio	ratio**s**	zoo	zoo**s**
folio	folio**s**	kangaroo	kangaroo**s**

Sustantivos terminados en f o en f e

Los sustantivos cuya terminación es **f** o **fe,** forman su plural cambiando la **f** por **v** y agregándole **es.** Por ejemplo:

singular	plural	singular	plural
calf	cal**ves**	wife	wi**ves**
knife	kni**ves**	leaf	lea**ves**
shelf	shel**ves**	life	li**ves**

Toda regla tiene excepciones, muchos sustantivos terminados en **f** no siguen la regla anterior, su plural lo forman siguiendo la regla general, esto es: agregan la letra **s,** en particular aquellos terminados en doble **f.** Ejemplos:

singular	plural	singular	plural
chief	chief**s**	dwarf	dwarf**s**
grief	grief**s**	gulf	gulf**s**
cliff	cliff**s**	sheriff	sheriff**s**

Sustantivos terminados en y

Para los sustantivos terminados en **y** veamos los siguientes dos casos:

singular	plural
boy	boy**s**
lady	lad**ies**

Para deducir la regla del plural de los sustantivos terminados en **y**, basta con observar los cuatro ejemplos anteriores y deducir lo siguiente: cuando el sustantivo terminado en **y** está precedido por vocal se sigue la regla general, esto es: le agregamos **s.** Cuando el sustantivo terminado en **y** está precedido de consonante, la **y** se cambia a **i** y se le agrega **es.** Veamos los siguientes ejemplos:

singular	plural	singular	plural
fly	fl**ies**	lady	lad**ies**
baby	bab**ies**	daisy	dais**ies**
monkey	monkey**s**	key	key**s**
day	day**s**	boy	boy**s**
donkey	donkey**s**	toy	toy**s**

Sustantivos irregulares

Algunos sustantivos no siguen ninguna de las reglas anteriores, se conocen como

irregulares y ellos forman su plural con una palabra diferente, veamos los siguientes ejemplos:

singular	plural	singular	plural
child	**children**	mouse	**mice**
foot	**feet**	tooth	**teeth**
man	**men**	woman	**women**
ox	**oxen**	goose	**geese**

Finalmente, tenemos un reducido número de sustantivos que tienen ciertas características especiales en cuanto a singular y plural, por ejemplo:

Los sustantivos cuya terminación es **is,** cambian la **i** por **e.**

singular	plural	singular	plural
axis	**axes**	crisis	**crises**

Algunos no tienen singular, por ejemplo:

alms   scissors   clothes   news   pants   hair

Algunos otros no tienen plural, por ejemplo:

chess   furniture   pride   knowledge   gold   music

Algunos otros utilizan la misma palabra ya sea para singular o para plural, por ejemplo:

deer   sheep   fish

IV

The pronoun

El pronombre es la palabra que sustituye al nombre o al sustantivo; al igual que en español, son tres y ellos representan a las tres personas gramaticales:

*I   you   he

De estos tres pronombres, se derivan todos los demás, tanto singulares como plurales:

	Sing.	plural
1ª	**I**	**we**
2ª	**you**	**you**
3ª	**he** **she** **it** }	**they**

---

*No importa donde vaya, el pronombre de primera persona de singular **I** siempre se escribe con mayúscula.

La función básica de los pronombres como ya dijimos, es la de sustituir al nombre o al sustantivo, veamos los siguientes ejemplos:

Albert is a doctor.   **Lola and Alice** are teachers.   **Lucia** is an accountant.

He is a doctor.   **They** are teachers.   **She** is an accountant.

En la lengua inglesa los pronombres pueden ser **nominative** (personales), **object** (de complemento directo o indirecto), **possessive** (posesivos), **reflexive** (reflexivos), **relative** (relativos), **reciprocal** (recíprocos), **interrogative** (interrogativos), **demonstrative** (demostrativos) e **indefinite** (indefinidos). Como se podrá ver, existen los mismos grupos de pronombres que en el español y su función es básicamente la misma así que podemos decir que los pronombres de la lengua inglesa son parecidos y operan como los nuestros; hay diferencias claro está, por ejemplo el pronombre **se** tan usual en el español no existe en inglés al igual que el pronombre **it** tan común en inglés no existe en español, estas son dos diferencias notables entre ambos idiomas, pero una vez entendiendo las funciones de los pronombres en general nos daremos cuenta de que no son obstáculos infranqueables. Al finalizar este capítulo trataré de explicar en forma breve el uso de **it** y **se**.

Nominative pronouns
Pronombres personales

Este grupo de pronombres se utilizan siempre como sujetos del enunciado y ocupan siempre el lugar del nombre de la persona u objeto del cual se dice algo; ellos son:

I	we
you	you
he	
she	they
it	

Ejemplos de su uso:

Jane saw the book.	Tom and Peter played tennis.	The car is new
She saw the book.	They played tennis.	It is new.

Object pronouns
Pronombres de complemento directo o indirecto

Este grupo de pronombres se utiliza para sustituir sustantivos que ocupan el lugar de un complemento ya sea directo o indirecto, este complemento, es aquel que recibe daño, provecho o beneficio de una acción realizada, se conoce también como objeto. En inglés estos pronombres son:

me	us
you	you
him	
her	them
it	

Ejemplos:

My brother invited my cousins to the party.	Mi hermano invitó a mis primos a la fiesta.
He invited them to the party.	

My mother wants **my sister** to work in the bank.
She wants **her** to work in the bank.

My sisters need **my uncle** to help **Laura.**
They need **him** to help **her.**

Como se podrá observar en los ejemplos, **los pronombres nominales he, she** and **they** sustituyen a los sujetos **my brother, my mother, my sisters,** mientras que los sustantivos **my cousins, my sister, my uncle** and **Laura** son sustituidos por los pronombres **(object) them, her, him** and **her.**

Vale la pena recordar en este punto la diferencia entre pronombres nominales y pronombres objeto. Los pronombres nominales **(I, you , he, she , it, we, you, they)** siempre son sujetos del enunciado y siempre van antes del verbo. Los pronombres objeto **(me, you, him, her, it, us, you, them)** siempre irán después del verbo y nunca operan como sujetos. Ejemplo:

Jorge bought **flowers** for **Sarah.**
Jorge compró **flores** para **Sarah.**

En este ejemplo, el sujeto (Jorge), realiza una acción: comprar. Esta acción recae, en forma directa o indirecta, sobre otros dos sustantivos (flores y Sarah). Al cambiar estos sustantivos por sus correspondientes pronombres, nuestro enunciado quedaría de esta manera:

He bought **flowers** for **her.**
Él compró **flores** para **ella.**

Recuérdese que el **sujeto** es el que realiza la acción del verbo en tanto que el **objeto** es aquel que recibe daño o beneficio de una acción realizada.

Possesive pronouns
Pronombres posesivos

El grupo de pronombres posesivos desarrolla una doble función dentro del enunciado, ya que además de ocupar el lugar del sustantivo del cual se hace mención, señala a quien le pertenece éste, los posesivos están formados por las siguientes voces:

mine	**ours**
yours	**yours**
his	
hers	**theirs**
its	

Para comprender mejor como opera este grupo de pronombres veamos el siguiente ejemplo:

My book is on the table.   **My book** is on the chair.
Where is **your book?**
My book is on the table.   **Mine** is on the chair.
Where is **yours?**

Como se puede apreciar en los ejemplos anteriores, el sujeto de las oraciones (**my book**) es sustituido en los segundos ejemplos por los pronombres **yours** y **mine** indicando además qué persona es poseedora del objeto del cual se hace mención.

Reflexive pronouns
Pronombres reflexivos

Los pronombres reflexivos se forman mediante el uso de los sufijos **self** y **selves** (este último para el plural), los cuales se agregan al final de algunos pronombres de complemento y de algunos adjetivos posesivos dándoles a estos últimos en esta forma la categoría de pronombres. Este grupo se utiliza para indicar que la acción realizada por el sujeto recae sobre él mismo; sus formas son:

myself	**ourselves**
yourself	**yourselves**
himself	
herself	**themselves**
itself	

Veamos a continuación algunos ejemplos de su uso:

I saw **myself** in the big mirror.	Me vi **a mí mismo** en el gran espejo.
He hurt **himself** with that knife.	**Él mismo** se hirió con ese cuchillo.
The door opened by **itself**.	La puerta se abrió **sola.**

Los pronombres y las personas gramaticales

Abriremos aquí un paréntesis antes de continuar con los restantes grupos de pronombres para ver la relación que existe entre pronombres y personas gramaticales.

Al igual que en el español, los pronombres en la lengua inglesa están estrechamente relacionados con las personas gramaticales; así tenemos que:

I	es el pronombre representativo de la primera persona de singular.
You	es el pronombre representativo de la segunda persona del singular y del plural.

He
She } son los pronombres representativos de la tercera persona del singular con sus respectivos
It géneros (**he** masculino, **she** femenino, **it** neutro).

We	es el pronombre representativo de la primera persona del plural
You	es el pronombre representativo de la segunda persona del singular y del plural.
They	es el pronombre representativo de la tercera persona del plural

Como ya se habrá notado, todos los grupos de pronombres que hasta el momento hemos visto se relacionan con el grupo de los nominales; para dar una mejor idea de todos ellos, en seguida se presenta un cuadro en el cual se han incluido todos los grupos de pronombres y también el grupo de los adjetivos posesivos aclarando que este último grupo no opera como pronombre, se incluye únicamente debido a que, como se podrá ver, tiene una estrecha relación con los pronombres.

nominative pronouns	object pronouns	possessive pronouns	reflexive pronouns	possessive adjectives
I	me	mine	myself	my
you	you	yours	yourself	your
he	him	his	himself	his
she	her	hers	herself	her
it	it	its	itself	its

we	us	ours	ourselves	our
you	you	yours	yourselves	your
they	them	theirs	themselves	their

Pronombres relativos

Los relativos son los que hacen mención de un sujeto anterior conocido como antecedente, las voces que se utilizan como pronombres relativos son: **who, which, whom, whose, that,** y **what.** Es muy frecuente que los pronombres relativos presenten problemas en cuanto a su uso, tratando de aclarar sus funciones veremos a continuación en qué casos utilizar cada uno de ellos así como la traducción que les corresponde:

who — (que, quien) Hace referencia a personas.

which — (que, el cual, la cual, los cuales, las cuales) Hace referencia a cosas.

whom — (a quien, a quienes, al cual, a la cual, a los cuales, a las cuales) Hace referencia a personas.

whose — (cuyo, cuya, cuyos, cuyas) Hace referencia a personas y siempre implica la idea de posesión.

that — (que) Hace referencia a personas o cosas.

what — (lo que) Hace referencia a algo que se dijo o se hizo, introduce *cláusulas adjetivales que no pueden ser omitidas en el enunciado.

That o which

El uso de los relativos es siempre algo complicado ya que al emplearlos pasamos principalmente del enunciado simple al enunciado compuesto, los relativos son las llaves que nos permiten introducir cláusulas en un enunciado, además de esto, el uso en particular de los pronombres **that** y **which** suele

* Más adelante se explican las cláusulas.

ser más complicado ya que ambos pronombres se refieren a cosas. Ante la duda se recomienda utilizar **which.** Ahora bien, generalmente se utiliza **which** para introducir una cláusula que puede omitirse en el enunciado sin que cambie su significado básico, podemos reconocer estas cláusulas porque siempre van entre comas, en tanto que **that,** se utiliza para introducir una cláusula que es esencial para el sentido del enunciado y por lo tanto no debe omitirse; veamos estos ejemplos:

Hidalgo Street, **which is decorated with palms**, crosses the town alongside.
Hidalgo Street crosses the town alongside.

La calle Hidalgo, **la cual se encuentra decorada con palmas**, cruza el pueblo a todo lo largo.
La calle Hidalgo cruza el pueblo a todo lo largo.

La cláusula puede omitirse sin que se pierda el sentido del enunciado.

Only a building in a city **that has plenty of water** will be suitable for a tannery.
Only a building in a city will be suitable for a tannery.

Solamente un edificio en una ciudad **que tenga mucha agua** será adecuado para una curtiduría.
Solamente un edificio en una ciudad será adecuado para una curtiduría.

Aquí, si se omite la cláusula, el enunciado pierde el sentido de lo que se trata de expresar.

Ejemplos del uso de pronombres relativos:

The person **who** came yesterday was your sister.	La persona **que** vino ayer era tu hermana.
The man **who** bought that book was a teacher.	El hombre **que** compró ese libro era un maestro.
The boxes **which** held the books were very heavy.	Las cajas **que** tenían los libros eran muy pesadas.
The girl **whom** you invited is her sister.	La chica **a quien** invitaste es su hermana.
The man **whose** car you are driving is my uncle.	El hombre **cuyo** carro estás manejando es mi tío.
These are the goods **that** she wants to sell.	Estos son los artículos **que** ella quiere vender.
She told me **what** to do.	Ella me dijo **qué** hacer.
They heard **what** you say.	Ellos escucharon **lo que** tú dijiste.

Pronombres recíprocos

Las voces **each other** y **one another** son los pronombres recíprocos, se utilizan únicamente en forma plural puesto que se refieren siempre a dos o más personas; **each other** se utiliza únicamente cuando se habla de dos personas, en tanto que **one another** se utiliza cuando se habla de dos o más personas. Ejemplos:

They love **each other**.	Ellos se aman. (Acción recíproca, él la ama, ella lo ama.)
The girls fought with **one another**.	Las chicas se pelearon entre sí. (Unas con otras.)

Pronombres interrogativos

Las palabras **who, whom, whose, which** y **what** son pronombres interrogativos cuando ocupan el lugar del sujeto acerca del cual se quiere saber algo. Por supuesto, esto ocurre en enunciados interrogativos. Ejemplos:

Who wrote this letter?	**¿Quién** escribió esta carta?
Whom are you speaking to?	**¿A quién** le hablas?
Whose car is that?	**¿De quién** es ese carro?
Which of the books was she looking for?	**¿Cuál** libro buscaba ella?

Pronombres demostrativos

Las voces **this, that, these** y **those** operan como pronombres demostrativos cuando se encuentran ocupando el lugar del sujeto al cual se refieren (estas mismas palabras, cuando anteceden a un sustantivo, cumplen la función de adjetivos demostrativos.) Las expresiones **the former** y **the latter** que equivalen a **this one** y **that one** respectivamente, también operan como pronombres demostrativos, a continuación veamos ejemplos de su uso:

This is a big house.	**Ésta** es una casa grande.
That is the answer.	**Ésa** esla respuesta.
Who are **those**?	¿Quiénes son **aquéllos**?
These are my keys.	**Éstas** son mis llaves.

The president and his secretary just arrived, **the former** is old but **the latter** is very young.

El presidente y su secretaria acaban de llegar, **el primero** es viejo pero **la otra** es muy joven.

Pronombres indefinidos

Ciertas voces que por lo regular funcionan como adjetivos o adverbios, llegan a tomar la categoría de pronombres cuando se encuentran en el lugar que le correspondería al sujeto; estas voces que designan de una forma vaga a un número a veces no determinado de sujetos, se conocen como pronombres indefinidos, entre ellos tenemos:

all	little	someone	nothing	whoever	neither
many	each	few	anything	other	wherever
anybody	another	*any	several	some	much
whatever	nobody	somebody	none	*either	anyone
*every	such				

Ejemplos de su uso:

Somebody will do it.	**Alguien** lo hará.
Nobody came to the party.	**Nadie** vino a la fiesta.
Many decided to leave the meeting.	**Muchos** decidieron abandonar la junta.
Whatever she needs, I will be happy to help her.	**Lo que** ella necesite, estaré feliz de ayudarla.

Los pronombres it y se

El uso del pronombre **se** es muy frecuente en el español, esta voz pronominal se puede manejar por sí sola o bien en su forma enclítica (después del verbo) veamos algunos ejemplos:

Se dicen muchas cosas.	**Se** hablan pero no **se** quieren.
Siénte**se**, por favor.	Regresó quejándo**se** de todo lo que le hicieron.

---

* **Any** se utiliza en el sentido de uno cualquiera.

* **Every** se refiere a muchas personas o cosas tomando cada una de ellas por separado.

* **Either** se refiere a dos personas u objetos tomándolos en forma independiente.

El problema es que en el inglés no encontramos una voz que pueda ser, si no exacta, por lo menos parecida, por lo que es mejor pensar que no tiene traducción.

Por su parte el pronombre **it** es otra voz que nos es difícil hallarle una traducción al español y como el anterior, lo mejor es pensar que carece de ella. **It** tiene un uso muy amplio y específico en la lengua inglesa, pero para simplificarlo, vamos a pensar que siempre opera como sujeto y que la sintaxis inglesa requiere su uso para cualquier enunciado, incluso en aquéllos que para el gusto del español suela omitirse. Veamos ejemplos:

It is five o'clock.	**It is raining.**	**It is mine**
Son las cinco.	**Llueve.**	**Es mío.**

V

The adjective

El adjetivo es la categoría gramatical que modifica al sustantivo. Dicho de otra forma: el adjetivo es la palabra que utilizamos para describir cómo es alguien o algo, los adjetivos nos dicen si una muchacha es **guapa, alta, delgada, bondadosa, inteligente, trabajadora**... nos pueden también decir si la casa que nos gustó es **grande, bonita, fría, cómoda**... todas las palabras que empleamos para describir son adjetivos, todos los colores también lo son.

Tanto en inglés como en español la función del adjetivo es la misma, pero tenemos diferencias en cuanto a su uso; por ejemplo, en español, el adjetivo puede ir antes o después del sustantivo, en tanto que en inglés, el adjetivo siempre se colocará antes del sujeto al cual esta modificando, con una única excepción cuando se trate del verbo **to be,** en cuyo caso, va después de este verbo. Veamos algunos ejemplos:

The **mysterious** car stopped in   These cars are **comfortable**.
front of the house.

El carro **misterioso** se detuvo   Estos carros son **cómodos**.
en frente de la casa.

Para evitarnos confusiones, es mejor pensar, como en el primer ejemplo, que el adjetivo siempre va antes del sustantivo.

Otra diferencia es que en el español el adjetivo es una categoría gramatical variable, en tanto que en el inglés, es totalmente invariable, esto quiere decir que en el español el adjetivo debe cambiar de acuerdo al género o al número del sujeto en tanto que en inglés no acepta ninguna de estas variantes. Ejemplos:

El muchacho **alto.**   La muchacha **alta.**
(masculino singular)   (femenino singular)
The **tall** boy.   The **tall** girl.

Los muchachos **altos.**   Las muchachas **altas.**
(masculino plural)   (femenino plural)
The **tall** boys.   The **tall** girls.

Nótese como en español el adjetivo (**alto**) cambia de acuerdo al sujeto en tanto que en inglés el adjetivo (**tall**) no sufre ninguna variante.

Aumentativos y diminutivos

En la lengua española el adjetivo se utiliza mucho con los llamados aumentativos y diminutivos, en este caso los sufijos **ito, ita, ote, ota**, se agregan al adjetivo y de ser necesario cambian de acuerdo al número (ya sea singular o plural), por ejemplo:

burr**ito**   burr**ote**   cas**ita**   cas**ota**

En el inglés los aumentativos y diminutivos no se emplean tan frecuentemente y en la mayoría de los casos el problema se suele solucionar anteponiendo las palabras **little** (para el diminutivo) y **big** (para el aumentativo), por ejemplo:

a **little** donkey   a **big** donkey   a **little** house   a **big** house

Hay que mencionar en este punto que algunas palabras ya de por sí tienen la categoría de diminutivo, por ejemplo: **kitten, puppy, duckling** (gatito, perrito, patito).

Grados de comparación

Dice un viejo adagio que todas las comparaciones son odiosas. ¿Y si no comparamos, como obtenemos una mejor calidad? Los comparativos son indispensables.

Tanto en inglés como en español, tenemos tres grados de comparación: positivo, comparativo y superlativo.

> **Positivo**: nos dice la cualidad o defecto que posee un sujeto.
>
> **Comparativo**: compara la cualidad o defecto entre dos sujetos o más.
>
> **Superlativo**: nos indica que un sujeto posee una cualidad o defecto en grado máximo.

En el español estos grados de comparación se forman con las palabras **tan, como, mayor que, menor que,** agregando el sufijo **ísimo** o bien con palabras que ya de por sí determinan uno de estos grados (**óptimo, máximo, pésimo, etc.**)

En la lengua inglesa los comparativos y superlativos requieren también de otras palabras y sufijos para formar estos grados siguiendo, desde luego, una regla en cada caso. Para empezar los adjetivos se dividen en dos grupos a los que llamaremos cortos y largos, ejemplos:

cortos		largos	
big	short	important	expensive
old	new	famous	popular
easy	fat	interesting	terrible
thin	hot	diligent	intelligent
cold	happy	difficult	beautiful

En el caso de los adjetivos cortos, como se podrá ver, se trata de palabras monosílabas principalmente y algunos bisílabos de fácil pronunciación; este grupo de adjetivos forman su comparativo o superlativo agregando un sufijo al final, ejemplos: **big bigger, the biggest.**

En el caso de los adjetivos largos, como se podrá ver, se trata de palabras trisílabas principalmente y algunos bisílabos que en ocasiones aceptan los dos casos; este grupo de adjetivos forman su comparativo o superlativo mediante los adverbios **more** y **most,** ejemplos: **intelligent, more intelligent, the most intelligent.**

Es posible que las explicaciones hasta este punto nos resulten un poco confusas, para aclarar, veamos algunos ejemplos:

Para esto, necesitamos tres sujetos que compartan dos características, tomemos la estatura y la belleza y nuestros sujetos serán Patty, Silvia y Jessica.

Con adjetivos cortos

positive	Patty is **tall**.	Patty es alta.
comparative	Silvia is **taller than** Patty.	Silvia es más alta que Patty.
superlative	Jessica is **the tallest** girl.	Jessica es la chica más alta.

El grado positivo nos indica únicamente la cualidad que tiene el sujeto, para formar el comparativo, ya que estamos manejando un adjetivo corto, le agregamos el sufijo **er** y se pone en seguida la conjunción **than,** este tipo de adjetivos forman su superlativo anteponiendo el **artículo the** y agregando el sufijo **est.**

Con adjetivos largos

positive	Patty is **beautiful**	Patty es bonita.
comparative	Silvia is **more beautiful than** Patty.	Silvia es más bonita que Patty
superlative	Jessica is **the most beautiful** girl.	Jessica es la chica más bonita.

Como en el caso anterior, el positivo nos indica únicamente la cualidad que tiene el sujeto, ahora estamos manejando un adjetivo largo, por lo tanto, el comparativo se forma anteponiendo el adverbio **more** y agregando la conjunción **than** después del adjetivo, para formar el superlativo con este tipo de adjetivos se le anteponen el **artículo the** y el adverbio **most** al adjetivo.

Dos cosas que recordar

Primera: las reglas anteriores se aplican a adjetivos y adverbios. Segunda: cuando el adjetivo que vamos a utilizar es monosílabo y termina en consonante antecedida por una vocal simple, la última letra se duplica antes de agregar el sufijo. Ejemplos:

big	**bigger than**	**the biggest**
hot	**hotter than**	**the hottest**
fat	**fatter than**	**the fattest**

De igualdad y de inferioridad

El comparativo de igualdad en la lengua inglesa se forma utilizando la conjunción **as ... as** que significa **tan ... como.** Ejemplos:

> Guadalajara is **as beautiful as** Monterrey.
> Celia is **as intelligent as** Julia.
> Julia is **as tall as** Celia.
> Cristina is **as thin as** Laura.

El comparativo de inferioridad se forma utilizando la palabra **less** (significa **menos que**) antes del adjetivo, ejemplos:

> Betty is **lees attractive** than Lucía.
> Jorge is **less shy** than his brother.

En estos dos casos, no importa si se trata de adjetivos cortos o largos.

Hay un grupo de adjetivos y adverbios que no siguen las reglas anteriores, se trata de algunas palabras que definen el comparativo o el superlativo de forma diferente, veamos:

positive	comparative	superlative
good, well	better than	the best
bad, ill	worse than	the worst
much, many	more than	the most
little	less than	the least
far	farther than	the farthest

Para cerrar el tema y únicamente como ejemplo que nos ayude a consolidar, se presenta una lista de adjetivos cortos y largos (los más comunes) con sus formas de comparativo y superlativo:

Adjetivos cortos

positive	comparative	superlative
big	bigger than	the biggest
short	shorter than	the shortest
fat	fatter than	the fattest
small	smaller than	the smallest
thin	thinner than	the thinnest
new	newer than	the newest
old	older than	the oldest
heavy	heavier than	the heaviest
tall	taller than	the tallest
cold	colder than	the coldest
hot	hotter than	the hottest
young	younger than	the youngest
happy	happier than	the happiest
sweet	sweeter than	the sweetest
high	higher than	the highest
lazy	lazier than	the laziest
ugly	uglier than	the ugliest
healthy	healthier than	the healthiest
busy	busier than	the busiest
dirty	dirtier than	the dirtiest

Nota:

Cuando el adjetivo termina en **y** precedida de consonante se cambia ésta por **i.**

Adjetivos largos

positive	comparative	superlative
important	more important than	the most important
aggressive	more aggressive than	the most aggressive
intelligent	more intelligent than	the most intelligent
beautiful	more beautiful than	the most beautiful
interesting	more interesting than	the most interesting
modern	more modern than	the most modern
expensive	more expensive than	the most expensive
popular	more popular than	the most popular
valiant	more valiant than	the most valiant
innocent	more innocent than	the most innocent
difficult	more difficult than	the most difficult
romantic	more romantic than	the most romantic
famous	more famous than	the most famous
delicious	more delicious than	the most delicious
diligent	more diligent than	the most diligent
attractive	more attractive than	the most attractive
informal	more informal than	the most informal

VI

The verb

Verbo es toda palabra que denota una acción; el verbo es el centro gramatical del predicado, representa el grupo de palabras más importantes en cualquier lengua. Tanto en inglés como en español los verbos tienen diferentes modos, tiempos y voces; sufren el fenómeno conocido como conjugación y, además, en ambas lenguas existen diferentes tipos de verbos.

Como se podrá ver, por ser palabras que desempeñan la misma función en ambas lenguas, tienen varias similitudes y, por supuesto que tienen también marcadas diferencias, esto se debe a que, como es lógico, se rigen por diferentes reglas de un idioma a otro. En el presente capítulo veremos pues, como trabaja el verbo en la lengua inglesa.

Modos y tiempos.

Modo es la forma que el verbo toma de acuerdo a la manera de representar su acción.

Tiempo es el momento en que la acción ocurre.

Al igual que en el español, la lengua inglesa tiene cuatro modos: **indicativo, infinitivo, imperativo** y **subjuntivo**.

El modo indicativo

Este modo, al igual que en el español, es el que más se utiliza al hablar, nos sirve para enunciar hechos reales en cualquiera de sus diferentes tiempos o formas de hablar (enunciados afirmativos, interrogativos o negativos) por ejemplo:

I **went** to Los Angeles last year.	She **studies** in a technological school.
Is your brother a good student?	Does she **work** in a bank?
They **are** not in the office now.	They don't want **to visit** their aunt.

El modo infinitivo

Este modo es el que le da nombre al verbo; es decir, el infinitivo es el nombre de la acción. No expresa conceptos de tiempo o persona. En el inglés el infinitivo se forma anteponiendo la voz **to** al verbo. Ejemplos:

to run, to speak, to love, to go, to live, etc.

Esta fórmula se aplica a todos los verbos, sin embargo existen unos pocos que no la aceptan por ejemplo:

**can, will, would, shall, should must,
ought to, may** y **might**

En la lengua inglesa, el infinitivo tiene además otros usos.

Al principio de una oración opera como sujeto en enunciados como:

To walk is good for your health.	**Caminar** es bueno para la salud.

To write is a good exercise.	**Escribir** es un buen ejercicio.
To collect stamps is his favorite hobby.	**Coleccionar** estampillas es su pasatiempo preferido.

Estos enunciados pueden operar de igual forma cuando en lugar del infinitivo utilizamos el sufijo **ing**. Ejemplos:

Walking is good for your health.	**El caminar** es bueno para la salud.
Writing is a good exercise.	**La escritura** es un buen ejercicio.
Collecting stamps is his favorite hobby.	**El coleccionar** estampillas es su pasatiempo preferido.

Muchas veces acompaña a otros verbos en el enunciado. Ejemplo:

She wants **to speak** with them.	Ella quiere **hablar** con ellos.
They need **to study** this lesson.	Ellos necesitan **estudiar** esta lección.
We forgot **to close** the door.	Nos olvidamos de **cerrar** la puerta.

Algunas veces se admite otro sujeto entre un verbo y el infinitivo. En estos casos, al traducirlo al español el verbo suele pasarse al subjuntivo.

My aunt told Patty **to return** early.	Mi tía le dijo a Patty que **regresara** temprano.
They wanted Jesse **to study** medicine.	Ellos querían que Jesse **estudiara** medicina.
He told me **to go** with him.	Él me dijo que **fuera** con él.

En algunas ocasiones el infinitivo se usa sin la palabra **to**, tal es el caso por ejemplo, cuando se encuentra después de los verbos **let** y **make** más su objeto directo o cuando va después de los verbos que hacen referencia a sensaciones. Por ejemplo:

They let him **go**.	Lo dejaron **ir**.
You made her **cry**.	Tú la hiciste **llorar**.
She felt her heart **pump** faster.	Ella sentía su corazón **latir** más fuerte.

El imperativo

Es el modo que se emplea para dar una orden, pedir un favor o hacer una invitación. Cuando se refiere a la segunda persona el sujeto del enunciado se elimina puesto que se da por comprendido. Cuando se refiere a la primero persona del plural requiere del verbo **let** el cual se contrae con el pronombre **us**; la acción así expresada, denota que tanto quien habla como quienes lo escuchan realizarán la acción: **let's go!** En enunciados negativos requiere del auxiliar **do** y en la mayoría de estos casos no requiere sujeto. Ejemplos:

Sit down.	**Stand up.**	**Open your book.**
Let's play.	**Let's dance.**	**Let's run.**
Don't go!	**Don't play!**	**Don't run!**

El subjuntivo

Por medio del subjuntivo se expresa un hecho o una acción que se desea que ocurra; en la lengua inglesa el subjuntivo es un modo que se usa muy poco, en realidad ha caído en desuso casi por completo; una de sus características es que cuando algún verbo se conjuga en este modo con una tercera persona de singular en el tiempo presente, no sufre los cambios propios de su conjugación como lo haría por ejemplo en el modo indicativo; algunos ejemplos del subjuntivo son los siguientes:

God bless you!
Someone say something!
God save the Queen!

Una buena y una mala.

La buena es que en el inglés el subjuntivo casi no se usa.

La mala es que en el español es uno de los modos más usuales.

¿Cómo haremos entonces para pasar al inglés todo aquello que podemos expresar en el español y viceversa? Para empezar diremos que pocas expresiones son realmente intraducibles, entonces hay un camino y es un camino en verdad y por coincidencia muy sencillo. Por medio del infinitivo inglés podemos expresar todas aquellas expresiones que nosotros manejamos como subjuntivo español y esto se aplica a todos los tiempos y tipos de enunciado; la propuesta es entonces la de tomar el infinitivo inglés como el equivalente de las expresiones que manejamos en el subjuntivo español, esto se logra cuando manejamos expresiones con los llamados "verbos de necesidad" (**want, need, wish, hope, like** y algunos otros). Veamos los ejemplos:

I want you **to speak** with him.
Quiero que **hables** con él.
She wants me **to study** medicine.
Ella quiere que yo **estudie** medicina.
They needed you **to play** as goal keeper.
Ellos necesitaban que tú **jugaras** de portero.
His father wants him **to work** instead of studying
Su padre quiere que él **trabaje** en vez de estudiar.

Sarah wants her sister **to lie** to his father.

Sarah quiere que su hermana le **mienta** a su padre.

Do you want me **to go** with her?

¿Quieres que yo **vaya** con ella?

Does she want you **to invite** your brother?

¿Ella quiere que tú **invites** a tu hermano?

Did you need Betty **to visit** your mother?

¿Necesitabas que Betty **visitara** a tu madre?

Do you want the girls **to sing** in the party?

¿Quieres que las muchachas **canten** en la fiesta?

Does your mother like you **to go** with those girls?

¿A tu mamá le gusta que **vayas** con esas muchachas?

I don't want you **to sleep** so late.

No quiero que te **duermas** tan tarde.

My mom doesn't want me **to go** to parties.

Mi mama no quiere que **vaya** a las fiestas.

I didn't want you **to buy** that dress.

Yo no quería que **compraras** ese vestido.

My father didn't want me **to marry** you.

Mi padre no quería que me **casara** contigo.

I don't like you **to speak** with that boy

No me gusta que **hables** con ese muchacho.

Los tiempos

Antes de iniciar el manejo de los tiempos, conviene recordar lo que anotamos en el capítulo XIV de la parte de gramática española con respecto a los tiempos. Se refiere a la perspectiva temporal humana, dicha perspectiva contempla solamente tres momentos: lo que ocurrió, lo que ocurre y lo que ocurrirá; de esta manera tenemos tres momentos representados por sus respectivos tiempos: pasado, presente y futuro respectivamente, también se representa por tres adverbios: ayer, hoy y mañana. Sin embargo, esta dimensión temporal no nos soluciona los problemas que podemos enfrentar cuando queremos ubicar una acción en un momento exacto del tiempo, por lo consiguiente el hombre ha creado los demás tiempos que nos permiten ubicar las acciones en sus momentos precisos. La perspectiva temporal humana es importante pero felizmente no limita en nada las formas de expresión de los verbos. Así pues, pasemos a ver lo que implican los tiempos de la lengua inglesa.

Se entiende por tiempo el momento en el cual la acción descrita por el verbo toma lugar, ahora bien, se deberá de tener en mente el alcance que la palabra pueda tener, por ejemplo, si digo: **"I work in a factory"**, téngase presente que la acción de **"trabajar"** la realicé ayer, la realizo hoy y probablemente la realizaré también mañana; además, no quiere decir esto que al momento que lo digo me encuentro realizando dicha acción. Cada uno de los modos tiene sus propios tiempos o bien carece de ellos. En el presente capítulo se explicará el significado de cada uno de los tiempos de los diferentes modos.

Para empezar, el modo infinitivo carece de tiempos, como se explicó anteriormente, no es otra cosa que el nombre de la acción mencionada. El modo imperativo, al igual que en español, tiene un solo tiempo que se utiliza indistintamente para el presente o bien para indicar que algo se habrá de realizar a futuro. El modo subjuntivo expresa acciones a forma de deseo o voluntad y se maneja en presente, pasado y pasado perfecto. El modo indicativo cuyos tiempos son similares a los del español tiene cuatro tiempos simples y cuatro compuestos; ellos son: presente, pasado, futuro y condicional (este último es el equivalente del pospretérito español), estos son los tiempos simples; los tiempos compuestos son: presente perfecto, pasado perfecto, futuro perfecto y el condicional perfecto (este último es el equivalente del ante pospretérito del español).

Existen en el inglés los llamados tiempos progresivos; éstos siguen el orden de los tiempos del modo indicativo tanto en sus formas o tiempos simples como en los compuestos; entonces tenemos en los tiempos simples los siguientes: presente progresivo, pasado progresivo, futuro progresivo y el condicional progresivo. En los tiempos compuestos tenemos: el presente perfecto progresivo, pasado perfecto progresivo, futuro perfecto progresivo y el condicional perfecto progresivo. La estructuración de estos tiempos se hace mediante el uso de la forma **ing** y es relativamente muy fácil de utilizar. Ejemplos:

tiempos simples	tiempos progresivos
She **Works** in an office.	She **is working** in an office.
Ella **trabaja** en una oficina.	Ella **está trabajando** en una oficina.
They **lived** in New England.	They **were living** in New England.
Ellos **vivían** en Nueva Inglaterra.	Ellos **estaban viviendo** en Nueva Inglaterra.
He **has played** cards.	He **has been playing** cards.
Él **ha jugado** a la baraja	Él **ha estado jugando** a la baraja
They **will read** the Bible.	They **will be reading** the Bible.
Ellos **leerán** la Biblia.	Ellos **estarán leyendo** la Biblia.

Además de los tiempos ya mencionados, tenemos en el inglés el llamado futuro idiomático, tiempo que aún a pesar de su nombre, admite ser conjugado en el tiempo pasado. Por medio de este tiempo se denota una acción a realizar en un futuro cercano, cuando está en pasado es una acción que aún cuando estaba prevista no se llegó a realizar. Se estructura con el verbo

to be + el verbo **go** + la forma **ing,** ejemplos:

presente/pasado	futuro	futuro/pasado idiomático
She **helps** you.	She **will help** you.	She **is going to help** you.
Ella te **ayuda.**	Ella te **ayudará.**	Ella **va a ayudarte.**
She **helped** you.		She **was going to help** you
Ella te **ayudó.**		Ella te **iba a ayudar.**

Si la explicación ofrecida hasta el momento ha parecido un tanto enredosa, remítase hasta el final del presente capítulo donde se encuentran ejemplos de cada uno de los tiempos y su conjugación.

Antes de proceder a las explicaciones acerca de cada uno de los diferentes tiempos, veremos dos aspectos importantes de la lengua inglesa, por supuesto, relacionados con verbos, ellos son la forma verbal **there is** y el sufijo **ing**.

There is y **there are** son formas verbales impersonales que indican la existencia de algo en algún lugar, se traducen como "hay" (la forma existencial del verbo haber). **There is** se utiliza en el singular y **there are** se utiliza para el plural. Estas formas verbales admiten todas las conjugaciones del modo indicativo tanto en los tiempos simples como en los compuestos, así pues, tienen los siguientes tiempos simples: presente, pasado, futuro y condicional (pospretérito). Sus tiempos compuestos son: presente perfecto, pasado perfecto, futuro perfecto y condicional perfecto (ante pospretérito). Se presentan a continuación ejemplos de su conjugación tanto en los tiempos simples como en los compuestos y claro, tanto en singular como en plural:

	singular	**plural**
pres)	**There is** a party in the house.	**There are** girls in the party.
past)	**There was** a party in the house.	**There were** girls in the party.
fut)	**There will be** a party in the house.	**There will be** girls in the party.
cond)	**There would be** a party in the house.	**There would be** girls in the party.
p. pres)	**There has been** a party in the house.	**There have been** girls in the party.
p. past)	**There had been** a party in the house.	**There had been** girls in the party.
p. fut)	**There will have been** a party in the house.	**There will have been** girls in the party.
p. cond)	**There would have been** a party in the house.	**There would have been** girls in the party.

Las conjugaciones que se acaban de presentar nos permiten ver además, las equivalencias de los tiempos del modo indicativo del español; nótese que no existe una equivalencia correspondiente para el copretérito y el ante copretérito, sin embargo, estos dos tiempos faltan solo en apariencia, en realidad sus equivalentes en la lengua inglesa son el pasado simple y el pasado perfecto, siendo el contexto del enunciado el que nos indica el tiempo exacto al que deben ser traducidos, así, por ejemplo:

I visited her.

Puede traducirse como:

Yo la visité.   O bien: **Yo la visitaba.** Y de igual forma:

I had visited her.

Podría ser:

Yo la hube visitado.   O bien: **Yo la había visitado.**

El sufijo ing

Por lo general, el sufijo **ing** lo asociamos con las terminaciones **ando** y **endo** que corresponden al gerundio de la lengua española, esto nos conduce a un error bastante común entre los estudiantes de la lengua inglesa: el pensar que el **ing** equivale siempre a las terminaciones **ando** y **endo** en español. Si bien es cierto que el sufijo **ing** agregado al verbo nos indica la acción en el momento que se está realizando y que esto en el español corresponde al gerundio, también es cierto que en el inglés existen los llamados tiempos progresivos (en español no) que se forman precisamente con este sufijo agregado al verbo y en los cuales el significado del verbo cambia de sentido (de estos tiempos ya hablamos en líneas anteriores y los analizaremos en detalle posteriormente).

Veamos los siguientes ejemplos:

Si digo: **I am working now.**

La acción que el verbo describe es la que realizo al momento de hablar reforzada por el adverbio. Es como más la reconocemos y hasta aquí no tenemos problema, las confusiones se presentan en los casos en los que el **ing** opera como sujeto o como objeto del enunciado. Ejemplos:

Como sujeto.

Talking with him was always instructive.

La conversación con él era siempre instructiva.

Parking downtown at this hour is impossible.

El estacionarse en el centro a esta hora es imposible.

Reading that book was a whole experience.

La lectura de aquel libro era una experiencia completa.

Como Objeto.

Louis enjoys **playing** with the kids.	Luis disfruta **los juegos** con los niños.
She gave up **practicing** karate.	Ella renunció a **la práctica** de karate.
He loves **eating** with his friends.	A él le encantan **las comidas** con sus amigos.

En su función de sustantivo el gerundio muchas veces va después de una preposición. Ejemplos:

They started **by giving** us details about the accident.

Empezaron **por darnos** detalles del accidente.

She refused the idea **of visiting** her family.

Ella rechazó la idea **de visitar** a su familia.

Please thank your cousin **for sending** us the money.

Por favor dale las gracias a tu primo **por enviarnos** el dinero.

Significados de los tiempos

Después de haber visto los dos aspectos anteriores, podemos pasar ahora a ver cuál es el significado de cada uno de los diferentes tiempos de la lengua inglesa. El modo infinitivo por carecer de tiempos y el modo imperativo cuyo único tiempo, como ya anteriormente se dijo, sirve tanto para el presente como para el futuro, no nos presentarán mucho problema, entonces, nuestro presente estudio quedará reducido a los tiempos del modo indicativo, del modo subjuntivo y de los llamados tiempos progresivos de la lengua inglesa.

El presente de subjuntivo

Este tiempo permite que las acciones se expresen a forma de deseo o voluntad de quien habla. Ejemplos:

God **rest** her soul.	Que Dios le de descanso a su alma.
It is my wish that you **be** very happy.	Es mi deseo que sean muy felices.
I hope that you **approve** what I have done.	Espero que apruebe lo que he hecho.

El pasado de subjuntivo

Por medio de este tiempo se expresa un hecho que está fuera de la realidad o bien un suceso que es factible que ocurra a futuro. Cuando en este tiempo se emplea el verbo **to be**, se utiliza la forma **were** para todas las personas. Ejemplos:

Suppose she **phoned** at this moment; what would you do?
Supón que ella **llamase** en este momento. ¿Qué harías?
I wish you **visited** her more frequently.
Quisiera que la **visitaras** más seguido.
If I **were** you, I would go immediately.
Si yo **fuera** tú, iría inmediatamente.

El pasado perfecto de subjuntivo

Por medio de este tiempo se expresa un hecho que al momento de hablar pudo posiblemente haber sido ya realizado, por ejemplo:

Suppose she **had invited** him already.
Supón que ella ya lo **haya invitado**.
What shall I do if they **had** already **bought** the tickets?
¿Qué debo hacer si ellos ya **hubiesen comprado** los boletos?

El presente simple de indicativo

Este tiempo sitúa la acción en el presente actual (el momento en que se habla), aunque por su extensión toma también las acciones duraderas, esto es, nos habla de hechos que ocurrieron en el pasado, que ocurren actualmente y que seguirán sucediéndose. Por ejemplo:

My brother **speaks** English very well.	Mi hermano **habla** inglés muy bien.
She **works** in a hardware shop.	Ella **trabaja** en una ferretería.
They **play** basket ball in the school.	Ellos **juegan** basket ball en la escuela.

El pasado simple de indicativo

Este tiempo remite la acción expresada por el verbo a un tiempo anterior al momento en el cual se enuncia. Ejemplos:

He **lost** the wallet in the train.	**Perdió** la cartera en el tren.
They **worked** with me many years.	**Trabajaron** conmigo muchos años.
Lilia **wrote** this letter two days ago.	Lilia **escribió** esta carta hace dos días.

El futuro simple de indicativo

Este tiempo se forma mediante el uso de los auxiliar **will,** remite la acción que el verbo expresa a un tiempo posterior al momento en que se habla. Por ejemplo:

They **will buy** a new car.	Ellos **comprarán** un carro Nuevo.
I **will be** twenty one next month.	**Cumpliré** veintiuno el próximo mes.
He **will drive** the car.	Él **manejará** el carro.

El condicional simple de indicativo (pospretérito)

Por medio de este tiempo, la acción del verbo se sitúa en un tiempo futuro con relación a otro tiempo pasado, siendo ambos, anteriores al momento en que se habla, este tiempo se utiliza además para indicar acciones que tienen carácter de potencial; esto es, que pueden llegar a ocurrir si las condiciones que los restringen llegasen a presentarse, por ejemplo:

He told me that he **would go** to visit her yesterday.
Él me dijo que la **visitaría** ayer.
She said that she **would** not **travel** by train.
Ella dijo que no **viajaría** por tren.
They **would buy** the car, but they don't have money.
Ellos **comprarían** el carro, pero no tienen dinero.
If I had money, I **would go** to Europe.
Si tuviera dinero, **iría** a Europa.

El presente perfecto de indicativo

Por medio de este tiempo se expresa una acción que al momento de hablar ha quedado perfectamente limitada en el pasado pero que puede volver a repetirse. Ejemplos:

I **have seen** this movie two times.   **He visto** esta película dos veces.

She **has spoken** with me several times.

Ella **ha hablado** conmigo varias veces.

They **have bought** the presents.

Ellos **han comprado** los regalos.

El pasado perfecto de indicativo

Se utiliza para expresar dos acciones que ocurrieron de forma simultánea y son anteriores al momento en que se habla.

> She **had** already **written** two letters when I arrived home.
> Ella ya **había escrito** dos cartas cuando yo llegué a la casa.
> She told me what they **had seen** in that house.
> Ella me dijo lo que **habían visto** en aquella casa.
> She thought they **had invited** her sister too.
> Ella pensó que ellos **habían invitado** a su hermana también.

El futuro perfecto de indicativo

Este tiempo se emplea para indicar la certeza de una acción que se efectuará en un tiempo futuro y que está en relación con otra acción también futura; dichas acciones tomarán lugar en un tiempo posterior al momento en el cual se enuncian. Ejemplos:

> I **will have** already **talked** with your mother when you get home.
> Yo ya **habré platicado** con tu mamá cuando tú llegues a casa.
> They **will have arrived** to her house when you finish working.
> Ellos **habrán llegado** a su casa cuando tú termines de trabajar.

She **will have** already **spoken** with him by ten o'clock.

Ella ya **habrá hablado** con él para las diez.

El condicional perfecto de indicativo (ante pospretérito)

Por medio de este tiempo se enuncia un hecho que hubiera sido posible de realizar en un tiempo anterior al que se menciona, pero que al momento de expresarlo es ya irrealizable. Ejemplos:

I **would have called** you, but I didn't have your telephone number.

Te **hubiera hablado**, pero no tenía tu número.

She **would have helped** you, but she ignored that you were sick.

Ella te **hubiera ayudado** pero no sabía que tú estuvieras enfermo.

They **would have arrived** on time if the car had been in good conditions.

Ellos **habrían llegado** a tiempo si el carro hubiese estado en buenas condiciones.

Los tiempos progresivos

Como ya se explicó anteriormente, los tiempos progresivos son susceptibles de aceptar todos los tiempos que son privativos del modo indicativo; esto es, presente, pasado futuro y condicional tanto en los tiempos simples como en los compuestos. Los tiempos progresivos se hacen mediante una forma cualquiera del verbo **to be** en cualquiera de sus tiempos seguida de lo que llamaremos el verbo de significación del enunciado al cual se le agrega además la forma **ing**.

Por medio de estos tiempos se expresa una acción que tuvo, tiene o tendrá un cierto periodo de duración. Ejemplos:

presente progresivo

She **is speaking** with Alice.   Ella está hablando con Alicia.

pasado progresivo

She **was speaking** with Alice.   Ella **estaba hablando** con Alicia.

futuro progresivo

She **will be speaking** with Alice.   Ella **estará hablando** con Alicia.

condicional progresivo

She **would be speaking** with Alice.   Ella **estaría hablando** con Alicia.

presente perfecto progresivo

She **has been speaking** with Alice.   Ella ha estado hablando con Alicia.

pasado perfecto progresivo

She **had been speaking** with Alice.   Ella había estado hablando con Alicia.

futuro perfecto progresivo

She **will have been speaking** with Alice.   Ella habrá estado hablando con Alicia.

condicional perfecto progresivo

She **would have been speaking** with Alice.   Ella habría estado hablando con Alicia.

Futuro idiomático

Finalmente, tenemos el tiempo conocido como futuro idiomático, el cual a pesar de lo que su nombre indica, acepta también la forma de pasado; este tiempo se estructura mediante cualquier forma del verbo **to be** ya sea en presente o en pasado más el verbo **go** que deberá tener el sufijo **ing** y además requiere la presencia de un verbo en modo infinitivo. Es lo que conocemos comúnmente como **to be going to (ir a).**

Ahora bien, cuando las formas del verbo **to be** se encuentran en presente en este tiempo, hacen referencia a un hecho que se habrá de realizar en el futuro. Cuando las formas de **to be** se encuentran en pasado, hacen referencia a un hecho que aún cuando en un momento determinado pudo haber sido realizado, en realidad nunca fue llevado a cabo. Ejemplos:

I **am going to speak** with him.	**Voy a hablar** con él.
Mary **is going to study** chemistry.	Mary **va a estudiar** química.
They **are going to play** chess.	Ellos **van a jugar** ajedrez.
I **was going to write** the lesson.	Yo **iba a escribir** la lección.
They **were going to arrive** by plane.	Ellos **iban a llegar** en avión.

Damos con esto por terminado el tema referente a los tiempos y lo que nos indican, recuérdese que al final del presente capítulo se presentan ejemplos de la conjugación de los diferentes verbos en sus distintos tiempos y modos; esto por si la explicación de estos temas quedase un poco confusa. La parte final del capítulo que estamos viendo pretende aclarar las posibles dudas que aquí se presentan.

La conjugación

Para empezar diremos que la conjugación de un verbo en la lengua inglesa es mucho más sencilla que en español; en realidad, un verbo sufre alteraciones únicamente cuando se conjuga con una tercera persona de singular en el modo indicativo siempre y que el tiempo en el cual se conjuga sea presente y que además la oración sea afirmativa. Si alguno de estos cuatro requisitos no se cumple, la conjugación del verbo no tiene por que sufrir cambio alguno; dicho de otra forma: en la lengua inglesa los verbos cambian únicamente cuando se conjugan en el modo indicativo, en el tiempo presente simple, con la tercera persona de singular y solamente en enunciados afirmativos. Este último caso (enunciados afirmativos) requiere explicación aparte, posteriormente veremos los verbos auxiliares y su función en el enunciado, dicha función estará en relación con los diferentes tipos de oraciones, nos referimos aquí a enunciados afirmativos, interrogativos, negativos e interrogativo-negativos, para los últimos tres modelos es necesario el uso de una forma auxiliar, la cual será la palabra que cambie de acuerdo a la conjugación, dejando el verbo de significación sin sufrir cambio alguno.

Al igual que en el español, los verbos siguen ciertas reglas para efectuar su conjugación; felizmente en la lengua inglesa las reglas que se tienen son aplicables a diferentes aspectos del idioma, así, las reglas que se dieron para el cambio de sustantivos de singular a plural (capítulo III del presente trabajo) son casi las mismas que se toman para la conjugación de los verbos; veamos pues, cuáles son las reglas que rigen la conjugación en la lengua inglesa.

La gran mayoría de los verbos agregan una **s** al final cuando se conjugan con la tercera persona del singular. Ejemplos:

I	speak	I	work	I	write	I	live
you	speak	you	work	you	write	you	live
he	**speaks**	he	**works**	he	**writes**	he	**lives**
she	**speaks**	she	**works**	she	**writes**	she	**lives**
it	**speaks**	it	**works**	it	**writes**	it	**lives**
we	speak	we	work	we	write	we	live
you	speak	you	work	you	write	you	live
they	speak	they	work	they	write	they	live

Los verbos cuya terminación sea **s, ss, sh, ch, x, o** agregan **es** al final cuando se les conjuga con la tercera persona del singular. Ejemplos:

I	kiss	I	wash	I	watch	I	go
you	kiss	you	wash	you	watch	you	go
he	**kisses**	he	**washes**	he	**watches**	he	**goes**
she	**kisses**	she	**washes**	she	**watches**	she	**goes**
it	**kisses**	it	**washes**	it	**watches**	it	**goes**
we	kiss	we	wash	we	watch	we	go
you	kiss	you	wash	you	watch	you	go
they	kiss	they	wash	they	watch	they	go

En los verbos cuya terminación sea **y** se pueden presentar dos casos, primero si la **y** está precedida por una vocal (pl**a**y) en cuyo caso se les agrega la letra **s** al final, y, segundo, si la **y** está precedida por una consonante (stud**y**) en cuyo caso la **y** se cambia a **i** y se le agrega **es**. Ejemplos:

I	play	I	study	I	say	I	try
you	play	you	study	you	say	you	try
he	**plays**	he	**studies**	he	**says**	he	**tries**
she	**plays**	she	**studies**	she	**says**	she	**tries**
it	**plays**	it	**studies**	it	**says**	it	**tries**
we	play	we	study	we	say	we	try
you	play	you	study	you	say	you	try
they	play	they	study	they	say	they	try

Existen algunos verbos y formas susceptibles de ser conjugadas (modals) que no siguen las reglas que anteriormente se han mencionado; ellos son: **can, have, to be, should, may, ought to, must, will** y **would**. Ejemplos:

to	be	have		can		will	
I	am	I	have	I	can	I	will
you	are	you	have	you	can	you	will
he	is	he	has	he	can	he	will
she	is	she	has	she	can	she	will
it	is	it	has	it	can	it	will
we	are	we	have	we	can	we	will
you	are	you	have	you	can	you	will
they	are	they	have	they	can	they	will

Nota:

Las formas **should, may, ought to, must, will** y **would** no sufren ningún cambio al conjugarse, y se pueden presentar siguiendo el modelo que se da aquí para la forma **will**. El verbo **can** es defectivo, en presente se conjuga sin ninguna variante, en pasado su forma es **could** para todas las personas. **Have** es un irregular, su cambio en presente con terceras personas es **has** y en pasado su forma es **had** para todas las personas. Finalmente el más irregular de todos: **to be**, además de sus tres cambios en la conjugación de presente, **to be** cambia también cuando se conjuga en pasado, se utiliza **was** para la primera y las terceras personas y **were** para la segunda persona y para todas las del plural. Ejemplos:

Pasados

to	be	have		can	
I	was	I	had	I	could
you	were	you	had	you	could
he	was	he	had	he	could
she	was	she	had	she	could
it	was	it	had	it	could
we	were	we	had	we	could

you	were	you	had	you	could
they	were	they	had	they	could

Clases de verbos

Al igual que en el español, en la lengua inglesa los verbos se clasifican de acuerdo a ciertas características específicas, así, tenemos verbos regulares, irregulares, auxiliares, defectivos, transitivos, intransitivos y redundantes.

Verbos regulares

En inglés los verbos se clasifican en regulares o irregulares, son regulares todos los verbos que forman su pasado y su pasado participio agregando **ed** al final del verbo, cualquier verbo que no siga esta regla es irregular. Hay que recordar aquí que a todos los verbos en inglés se les asignan tres tiempos básicos que son presente, pasado y pasado participio.

presente	pasado	participio
live	lived	lived
smile	smiled	smiled
learn	learned	learned
work	worked	worked
listen	listened	listened
laugh	laughed	laughed

Verbos irregulares

Son todos los verbos que no forman su pasado o su pasado participio agregando **ed** al final; en este caso se trata de verbos que tienen una palabra diferente para el pasado y el pasado participio. Ejemplos:

presente	pasado	participio
write	wrote	written
eat	ate	eaten
see	saw	seen
drink	drank	drunk
fly	flew	flown
think	thought	thought
find	found	found
come	came	come
cut	cut	cut
put	put	put
read	read	read
go	went	gone
do	did	done
speak	spoke	spoken

Formas auxiliares y estructuras básicas

Las formas auxiliares de la lengua inglesa son **to be, can, do, have, will, would, shall, should, must, may, might** y **ought to.** Las seis primeras se manejan principalmente de acuerdo al tipo de enunciado, ya sean oraciones afirmativas, interrogativas, negativas o interrogativo-negativas. Para empezar, vamos a pensar que en la gran mayoría de los casos, para estructurar un enunciado interrogativo, negativo o interrogativo-negativo necesitamos una forma auxiliar, los enunciados afirmativos no la necesitan. **To be, can, do, have, will** y **would** son los auxiliares que ocupamos en tales situaciones. **Shall, should, must, may, might** y **ought to** tienen un uso específico, por supuesto, todas estas formas auxiliares van a ser explicadas en detalle y con sus respectivos ejemplos, para que se entienda mejor, vamos a empezar por poner ejemplos de los tipos de enunciados y luego pasaremos a ver en forma particular la función de cada auxiliar.

Enunciados afirmativos

En estos modelos el auxiliar es parte de la oración.

Enunciados interrogativos

En estos casos lo único que debemos hacer es cambiar la forma auxiliar al principio de la oración y cerramos con el signo de interrogación.

She **is** a teacher.	**Is** she a teacher?
They **are** brothers.	**Are** they brothers?
He **was** a singer.	**Was** he a singer?
They **were** actors.	**Were** they actors?
She **can** speak french.	**Can** she speak french?
He **could** drive a bus.	**Could** he drive a bus?
They **have** driven the car.	**Have** they driven the car?
She **has** eaten chicken.	**Has** she eaten chicken?
She **had** bought a dress.	**Had** she bought a dress?
He **will** study in London.	**Will** he study in London?
She **would** live in Paris	**Would** she live in Paris?

Enunciados negativos

En estos enunciados hay que recordar que a diferencia del español, el adverbio de negación va después del verbo.

Enunciados interrogativo-negativos

En este tipo de enunciados el verbo y el adverbio de negación, generalmente contraídos, van al principio del enunciado.

She **isn't** a teacher.	**Isn't** she a teacher?
They **aren't** brothers.	**Aren't** they brothers?
He **wasn't** a singer.	**Wasn't** he a singer?

Nota:

En los enunciados interrogativos no utilizamos el signo de interrogación al principio ya que el auxiliar mismo nos está indicando dónde inicia la pregunta.

They **weren't** actors.	**Weren't** they actors?
She **can't** speak french.	**Can't** she speak French?
He **couldn't** drive a bus.	**Couldn't** he drive a bus?
They **haven't** driven the car.	**Haven't** they driven the car?
She **hasn't** eaten chicken.	**Hasn't** she eaten chicken?
She **hadn't** bought a dress.	**Hadn't** she bought a dress?
He **won't** study in London.	**Won't** he study in London?
She **wouldn't** live in Paris	**Wouldn't** she live in Paris?

En todos los ejemplos anteriores, tenemos que el verbo auxiliar forma parte del enunciado, pero no todos los enunciados operan así, ¿qué ocurre en enunciados afirmativos que no tienen verbo auxiliar? Antes de responder hay que recordar que anteriormente asentamos que no se puede en la lengua inglesa estructurar enunciados interrogativos, negativos o interrogativo-negativos sin el uso de una forma auxiliar. Para estos casos en el inglés se utiliza la forma auxiliar **do** que opera como un comodín para presente y pasado y se utiliza para hacer enunciados interrogativos, negativos e interrogativo-negativos. Obviamente aquí estamos ante un caso totalmente diferente de lo que manejamos en español; no hay nada con qué compararlo, simplemente hay que aceptarlo. Es tiempo de ver la conjugación de **do**.

Auxiliar do

presente		pasado	
I	do	I	did
you	do	you	did
he	does	he	did
she	does	she	did
it	does	it	did
we	do	we	did

you   do   you   did

they   do   they   did

Enunciados afirmativos

No existe forma auxiliar en el enunciado. El verbo indica el cambio tanto de tercera persona como de pasado

Enunciados interrogativos

Requieren un verbo auxiliar, al no existir se recurre a las formas del auxiliar **do**. Nótese que el verbo tanto en tercera persona como en pasado toma su forma de presente.

They work in a bank.	**Do** they work in a bank?
He speaks French.	**Does** he speak French?
She goes to school.	**Does** she go to school?
They lived in London.	**Did** they live in London?
He wrote the letter.	**Did** he write the letter?

Enunciados negativos

El auxiliar y el adverbio de negación van entre el sujeto y el verbo, los verbos de significación cambian a su forma de presente.

Enunciados interrogativo-negativos

El auxiliar y la negación van al principio del enunciado, los verbos de significación cambian a su forma de presente.

presente

They **don't** work in a bank.	**Don't** they work in a bank?
He **doesn't** speak French.	**Doesn't** he speak French?
She **doesn't** go to school.	**Doesn't** she go to school?
They **didn't** live in London.	**Didn't** they live in London?
He **didn't** write the letter.	**Didn't** he write the letter?

Una vez visto lo referente a las estructuras básicas, pasaremos a ver cómo operan cada una de las formas auxiliares que hemos presentado.

To be

Este verbo auxiliar significa **ser** o **estar**, sus formas en presente son **am, is** y **are**. En pasado sus formas son **was** y **were** siendo todas estas formas auxiliares, la forma **been** (participio pasado) no opera como auxiliar. Ejemplos:

Is he the doctor?	**Are** they engineers?
He **was not** in the meeting.	They **were not** in the car.

Can

Significa poder, denota la capacidad para hacer algo. Es un verbo defectivo (no tiene participio presente *ing* ni participio pasado) y solo tiene dos formas, una para presente **can** y otra para pasado **could.** Ejemplos:

Can you walk?	**Could** you answer the phone please?
She **can't s**wim.	They **couldn't** speak English.

Do

El verbo **do** es un verdadero comodín, como verbo de significación en algunos enunciados significa **hacer**, pero en sus funciones de auxiliar carece por completo de traducción. Se utiliza para estructurar enunciados interrogativos, negativos e interrogativo-negativos.

Sus formas en presente son **do** y **does** (para la tercera persona del singular), la forma **did** se utiliza para el pasado simple con todas las personas; este auxiliar se maneja únicamente en presente y pasado. Las formas **does** y **did** afectan directamente al verbo de significación del enunciado; esto quiere decir, que si en alguna oración (interrogativa, negativa o interrogativa-negativa) nos vemos precisados a utilizar alguna de estas dos formas, el verbo del enunciado no tendría su forma de conjugación obligada para terceras personas o si estuviera en pasado, el verbo en estas condiciones se escribiría en presente, la forma auxiliar es la que adopta el cambio que requiera el enunciado. Ejemplos:

interrogativas	negativas
Do you speak English?	You **don't** speak English.
Do they play tennis?	They **don't** play tennis.
Does she work in an office?	She **doesn't** work in an office.
Does he live in Monterrey?	He **doesn't** live in Monterrey.
Did he study in the university?	He **didn't** study in the university.
Did they visit the museum?	They **didn't** visit the museum.

interrogativo-negativas

Don't you speak English?

Don't they play tennis?

Doesn't she work in an office?

Doesn't he live in Monterrey?

Didn't he study in the university?

Didn't they visit the museum?

Have

Son muchos los significados que tiene este verbo.

Puede indicar una acción que se hace por costumbre:	Laura **has** breakfast at eight.
Hace relación al parentesco:	Susan **has** three brothers.

Sirve para indicar características físicas:	Paul **has** blue eyes.
Indica pertenencia (la forma más usual):	George **has** much money.

Por supuesto, además de las funciones que hemos mencionado, opera también como verbo auxiliar en cuyo caso podremos verlo de dos maneras: en los tiempos compuestos en los que permite que el verbo de significación del enunciado se exprese, en este caso, se presenta solamente en presente perfecto y pasado perfecto. Ejemplo:

> Freddy **has written** many science articles for this magazine.
> Freddy **ha escrito** muchos artículos científicos para esta revista.
> They **have spoken** with the principal many times.
> Ellos **han hablado** con el director muchas veces.
> Celia **had** already **seen** the photograph in the newspaper.
> Celia ya **había visto** la fotografía en el periódico.

En los casos anteriores, las formas **has, have** y **had** permiten que los verbos **write, speak** y **see** expresen su acción de manera correcta de acuerdo al tiempo que se utiliza (presente perfecto y pasado perfecto), la otra forma es en cuanto a las estructuras básicas; como verbo auxiliar que es, sigue las reglas que se aplican a los demás modals, si el enunciado es interrogativo, negativo o interrogativo negativo, Ejemplos:

interrogativos
Has Freddy **written** science articles for this magazine?
Have they **spoken** with the principal many times?

Had Celia **seen** the photograph in the newspaper?

negativos
Freddy **has not written** science articles for this magazine.
They **have not spoken** with the principal many times.
Celia **had not seen** the photograph in the newspaper.

interrogativo-negativos
Hasn't Freddy **written** science articles for this magazine?
Haven't they **spoken** with the principal many times?
Hadn't Celia **seen** the photograph in the newspaper?

Cabe aclarar aquí que **have** opera de esta forma en los enunciados en que es auxiliar (cuando significa **haber**), cuando no es auxiliar se recurre a **do** para hacer los enunciados interrogativos, negativos o interrogativo-negativos que se requieran. Ejemplos:

afirmativos
The girls **have** the homework.
Betty **has** blue eyes.
Sonia **had** the book.

negativos
The girls **don't have** the homework.
Betty **doesn't have** blue eyes.
Sonia **didn't have** the book.

interrogativos
Do the girls **have** the homework?
Does Betty **have** blue eyes?
Did Sonia **have** the book?

interrogativo-negativos
Don't the girls **have** the homework?
Doesn't Betty **have** blue eyes?
Didn't Sonia **have** the book?

Will

Will es una forma auxiliar que modifica la significación del verbo haciendo que éste exprese su acción en tiempo futuro, cuando se utiliza en esta forma carece de traducción. Ejemplos:

She **will come** next week.

Ella **vendrá** la semana próxima.

They **will work** on
Saturday too.

Ellos **trabajarán** en sábado
también.

He **will take care** of the children.

Él **cuidará** a los niños.

Sarah **will invite** her cousins to
the party.

Sarah **invitará** a sus primas a la
fiesta.

En enunciados interrogativos e interrogativo-negativos **will** va al principio, en los negativos el adverbio de negación va después de este auxiliar. Ejemplos:

interrogativos

Will she come next week?

Will they work on
Saturday too?

negativos

She **won't** come next week.

They **won't** work on Saturday too.

interrogativo-negativos

Won't she come next week?

Won't they work on
Saturday too?

Nota:

Cuando **will** se contrae con el adverbio de negación su forma es **won't**.

Would

Al igual que **will, would** es una forma auxiliar que modifica al verbo de significación del enunciado haciendo que la acción que éste describe se presente en condicional (este tiempo corresponde al pospretérito del español). **Would** carece de traducción y en cuanto a las estructuras básicas, se maneja exactamente igual que la forma **will.** Ejemplos:

afirmativos	interrogativos
They **would** go to the movies.	**would** they go to the movies?
She **would** like to buy the car.	**would** she like to buy the car?

interrogativo-negativos	negativos
wouldn't they go to the movies?	They **wouldn't** go to the movies.
wouldn't she like to buy the car?	She **wouldn't** like to buy the car.

Nota:

Como ya dijimos, los enunciados interrogativos requieren siempre de un verbo auxiliar (**to be**, **can**, **do**) al principio del enunciado, sin embargo, en enunciados interrogativos de presente y pasado en los que utilizamos las palabras **what, which** y **who** como sujetos no se utiliza el auxiliar. Ejemplos:

Who told you that story?	¿Quién te contó esa historia?
Who can lend you some money?	¿Quién puede prestarte algún dinero?
Which car is yours?	¿Cuál es tu carro?
What worries her?	¿Qué le preocupa?

Lo anterior debido a que muchas veces tenemos que utilizar la palabra interrogativa pero también requerimos el verbo auxiliar. Ejemplos:

What **does** she need?	¿Qué necesita?
Which tie **did** you select?	¿Cuál corbata escogió?
Whom **did** you meet in the subway?	¿A quién encontraste en el metro?

Shall

Al igual que **will, shall** es una forma auxiliar que indica que el verbo del enunciado está en tiempo futuro, se conjuga únicamente con las primeras personas (**I, we**) y se utiliza mayoritariamente para pedir u ofrecer sugerencias. Ejemplos:

Shall I do it for you?	¿Quieres que lo haga por ti?
Shall we go now?	¿Nos vamos ya?
Shall I visit aunt Emily?	¿Quieres que visite a la tía Emily?
Shall we invite you're your cousins too?	¿Debemos inviter también a tus primos?

Shall se utiliza también para denotar certeza, determinación y en el aspecto legal denota obligaciones. Ejemplos:

If you want a new outfit that badly, you **shall** have one.

Si necesitas un traje con tanta urgencia lo conseguirás.

If you want to behave like that, you **shall** certainly not do it here.

Si quieres comportarte así, no lo vas a hacer aquí.

The officer **shall** give a note to the vehicle owner.

El oficial deberá entregar una nota al dueño del vehículo.

Should

Esta forma auxiliar se utiliza para asignar a la acción que el verbo expresa un cierto carácter de obligación moral, o bien, para indicar una recomendación o consejo. Usualmente se traduce como **debería**. Ejemplos:

You **should** visit your uncle more often.	**Deberías** visitar a tu tío más frecuentemente.
They **shouldn't** go to that party.	Ellas **no deberían** ir a esa fiesta.
If I **should** go, Betty would want to go with me.	Si yo **fuera**, Betty querría ir conmigo.
He **should** save some money for his future.	Él **debería** de tener algún dinero para su futuro.

May

Esta forma auxiliar se traduce como **poder**, recordemos aquí que el verbo **can** también significa poder, pero ambas palabras tienen un significado totalmente diferente. El verbo **can** denota la capacidad para realizar algo en tanto que **may** denota la probabilidad de realizar algo o pide permiso para realizar la acción que se menciona. Por ejemplo, cuando le preguntamos a alguien:

Can you speak English?   **Can** you drive the car?

Le estamos preguntando si tiene la capacidad para entender ese idioma o para mover un automóvil. La palabra **may** la utilizamos cuando pedimos permiso o bien para denotar la posibilidad de que algo suceda:

May I come in?	**May** I go to the bathroom?	**May** I open the door?
¿**Puedo** entrar?	¿**Puedo** ir al baño?	¿**Puedo** abrir la puerta?

The manager **may** come in any moment.
El gerente **puede** llegar en cualquier momento.

Rosy **may** see the photographs if you don't lock the drawer.
Puede que Rosy vea las fotos si no cierras con llave el cajón.

Might

Gramaticalmente **might** es el imperfecto de **may**, sin embargo, ya en la práctica, **might** suele operar de forma propia y denota la posibilidad de que algo ocurra en el futuro o de que alguna acción que se menciona sea realidad. Ejemplos:

You **might** have a lot of money if you win.
Usted puede tener mucho dinero si gana.

He **might** be at home now, but I doubt it.
Puede que él esté en casa ahora, pero lo dudo.

They **might** speak with the conductor after the rehearsal.
Ellos podrían hablar con el director después del ensayo.

Must

Este auxiliar implica la idea de obligación terminante, cuando antecede al adverbio de negación denota la idea de prohibición y en este caso la mayoría de las veces se contrae (**must not, mustn't**), ejemplos:

You **must** lock the door when you leave.
Debes cerrar con llave cuando salgas.

He **must** study hard if he wants to approve the exam.
Debe estudiar duro si quiere aprobar el examen.

You **mustn't** smoke in this place.
No debe fumar en este lugar.

They **mustn't** play in class.

No deben jugar en clase.

Ought to

Este auxiliar expresa una obligación moral impostergable. Ejemplos:

You **ought to** pay him back.   He **ought to** keep his promise.

Debes pagarle.   Él debe de cumplir su promesa.

You **ought to** stop smoking.   She **ought to** see a doctor immediately.

Debes dejar de fumar.   Debe de ver a un doctor inmediatamente.

En el aspecto gramatical se establece que las formas auxiliares **would, should** y **might** son las voces imperfectas de **will, shall** y **may** respectivamente; en el presente trabajo se han analizado en forma separada, debido a que en ciertas ocasiones operan en forma independiente e incluso llegan a tener significados diferentes.

Para finalizar el presente tema, se presenta a continuación un cuadro donde se podrá ver el nombre del verbo así como las formas que se utilizan para el presente simple, pasado y su pasado participio, esto para las formas verbales que tienen dichos tiempos, las que no, simplemente se enlistan al final.

infinitivo	presente	pasado	participio
to be	am, is, are	was, were	been
can	can	could	(carece)
do	do, does	did	done
have	have, has	had	had

Otras formas auxiliares:

will	shall	may	must
would	**should**	**might**	**ought to**

Verbos defectivos

Los verbos defectivos son aquellos que no se pueden conjugar en alguno de sus tiempos o en algunos de los modos que existen en la lengua inglesa, a diferencia del español que tiene una buena cantidad de verbos defectivos, en la lengua inglesa se consideran verbos defectivos al grupo que anteriormente anotamos como otras formas auxiliares debido a que no pueden conjugarse en todos sus tiempos (**will, would, shall, should, may, might, must** y **ought to**) y al verbo **can** debido a que carece de pasado participio.

Debido a que **can** es un defectivo, que carece de pasado participio en la lengua inglesa, las oraciones en las que se tenga que utilizar la voz **podido** que corresponde al pasado participio del español deberán formularse con la expresión **to be able to**. Ejemplos:

> I haven't **been able to** finish this work.
> No he podido terminar este trabajo.

> She hasn't **been able to** walk yet.
> No ha podido caminar todavía.

> He hasn't **been able to** pay back the money.
> Él no ha podido pagarle el dinero.

Verbos transitivos e intransitivos

Los verbos transitivos son aquellos que permiten que la acción que el sujeto de la oración realiza recaiga en forma directa sobre otro, el cual para estos casos recibe el nombre de objeto. Los verbos intransitivos son aquellos que no permiten que la acción que el sujeto realiza vaya más allá de él mismo. Ejemplos:

transitivos

I gave the **money** to my brother.	Le di el dinero a mi hermano.
She cleaned the **room** this morning.	Ella limpió la habitación esta mañana.
They bought these **flowers** for my sister.	Ellos compraron estas flores para mi hermana.
He opened the **door** carefully.	Él abrió la puerta cuidadosamente.

Come se podrá ver en los enunciados anteriores existe un sujeto que realiza una acción la cual recae en forma directa sobre un objeto (**money, room, flowers** y **door**). En los siguientes ejemplos esto no ocurre.

intransitivos

He works every day.	Él trabaja todos los días.
She cried all day long.	Ella lloró todo el día.
They seemed very happy.	Ellos parecían muy contentos.

Verbos redundantes

Se conocen como verbos redundantes a los que tienen la particularidad de formar de dos maneras distintas su pasado participio (ambas son correctas). Ejemplos:

presente	pasado	participio
get	got	gotten
dream	dreamed	dreamt
dress	dressed	drest
show	showed	shown

shave   shaved   shaven

Las voces del verbo

Al igual que en la lengua española, en la lengua inglesa, el verbo tiene dos voces: **la voz activa** y **la voz pasiva,** pero hay que decir que la voz pasiva es más usual en inglés que en español.

Una oración está en **voz activa** cuando el sujeto de la misma es el que realiza la acción descrita por el verbo. Ejemplos:

> **My father bought** the red car.
> Mi padre compró el carro rojo.

> **Elisa gave** these books to my cousin.
> Elisa le dio estos libros a mi primo.

> **Christopher Columbus discovered** America.
> Cristóbal Colón descubrió América.

Una oración está en **voz pasiva** cuando el sujeto de la misma es el que recibe la acción que el verbo describe. La voz pasiva en la lengua inglesa se forma con el verbo **to be** en el tiempo y la persona correspondientes y el pasado participio del verbo de significación del enunciado: requiere además la intervención de la preposición **by.** Ejemplos:

> The red car **was bought by my father.**
> El carro rojo fue comprado por mi padre.

> These books **were given** to my cousin **by Elisa.**
> Estos libros le fueron dados a mi primo por Elisa.

> America **was discovered by Christopher Columbus.**
> América fue descubierta por Cristóbal Colón.

Para finalizar el presente capítulo, veamos ejemplos de la conjugación en la lengua inglesa de acuerdo a los diferentes modos, para esto utilizaremos el verbo **speak.**

Imperativo	**infinitivo**
speak	to speak

subjuntivo

presente	**pasado**
that I speak	that I spoke
that she speak	that she spoke

presente perfecto	**pasado perfecto**
that I have spoken	that I had spoken
that she has spoken	that she had spoken

Indicativo

presente		**pasado**		**futuro**			**condicional**		
I	speak	I	spoke	I	will	speak	I	would	speak
you	speak	you	spoke	you	will	speak	you	would	speak
he	speaks	he	spoke	he	will	speak	he	would	speak
she	speaks	she	spoke	she	will	speak	she	would	speak
it	speaks	it	spoke	it	will	speak	it	would	speak
we	speak	we	spoke	we	will	speak	we	would	speak
you	speak	you	spoke	you	will	speak	you	would	speak
they	speak	they	spoke	they	will	speak	they	would	speak

presente perfecto			**pasado perfecto**		
I	have	spoken	I	had	spoken
you	have	spoken	you	had	spoken
he	has	spoken	he	had	spoken
she	has	spoken	she	had	spoken

it	has	spoken	it	had	spoken
we	have	spoken	we	had	spoken
you	have	spoken	you	had	spoken
they	have	spoken	they	had	spoken

futuro perfecto	**condicional perfecto**
I will have spoken	I would have spoken
you will have spoken	you would have spoken
he will have spoken	he would have spoken
she will have spoken	she would have spoken
it will have spoken	it would have spoken
we will have spoken	we would have spoken
you will have spoken	you would have spoken
they will have spoken	they would have spoken

Tiempos Progresivos

presente progresivo	**pasado progresivo**
I am speaking	I was speaking
you are speaking	you were speaking
he is speaking	he was speaking
she is speaking	she was speaking
it is speaking	it was speaking
we are speaking	we were speaking
you are speaking	you were speaking
they are speaking	they were speaking

futuro progresivo	**condicional progresivo**
I will be speaking	I would be speaking
you will be speaking	you would be speaking
he will be speaking	he would be speaking
she will be speaking	she would be speaking

it	will be speaking
we	will be speaking
you	will be speaking
they	will be speaking

it	would be speaking
we	would be speaking
you	would be speaking
they	would be speaking

presente perfecto progresivo

I	have been speaking
you	have been speaking
he	has been speaking
she	has been speaking
it	has been speaking
we	have been speaking
you	have been speaking
they	have been speaking

pasado perfecto progresivo

I	had been speaking
you	had been speaking
he	had been speaking
she	had been speaking
it	had been speaking
we	had been speaking
you	had been speaking
they	had been speaking

futuro perfecto progresivo

I	will have been speaking
you	will have been speaking
he	will have been speaking
she	will have been speaking
it	will have been speaking
we	will have been speaking
you	will have been speaking
they	will have been speaking

condicional perfecto progresivo

I	would have been speaking
you	would have been speaking
he	would have been speaking
she	would have been speaking
it	would have been speaking
we	would have been speaking
you	would have been speaking
they	would have been speaking

Futuro Idiomático

futuro idiomático

I	am going to speak
you	are going to speak
he	is going to speak
she	is going to speak

pasado idiomático

I	was going to speak
you	were going to speak
he	was going to speak
she	was going to speak

it	is going to speak	it	was going to speak
we	are going to speak	we	were going to speak
you	are going to speak	you	were going to speak
they	are going to speak	they	were going to speak

VII

The adverb

El adverbio es la categoría gramatical cuya función consiste en modificar a un verbo, a un adjetivo o bien, a otro adverbio. Como se podrá ver por su definición, el adverbio es en su esencia lo mismo en el español que en el inglés. Tanto el adverbio como el adjetivo son modificadores, esto es, hacen la misma función con una diferencia, el adjetivo nos dice cómo es un sustantivo en tanto que el adverbio nos dice cómo se hace una acción, veamos ejemplos:

Mary spoke **clearly** to them.	Mary habló **claramente** con ellos.
The water in this lake is **very** clear.	El agua en este lago es **muy** clara.
Sue reads **too** slowly.	Sue lee **demasiado** lentamente.

Tenemos entonces que Mary realizó una acción (**to speak**), el adverbio nos dice cómo fue realizada (**clearly**), Mary pudo haber hecho esta acción de otras maneras, por ejemplo: **patiently, quietly, easily, quickly**, etc. (**pacientemente, calladamente, rápidamente**).

En el siguiente enunciado tenemos que el agua del lago es clara, pero, ¿hasta qué punto?, porque podría ser: **a little** clear, **quite** clear, **too** clear, etc. (**un poco** clara, **bastante** clara, **demasiado** clara).

Igualmente, Sue realiza la acción de leer pero lo hace lentamente y el adverbio **too**, nos indica qué tan lentamente.

En nuestros ejemplos, **clearly** modifica a un verbo, **very** modifica a un adjetivo y **too** modifica a otro adverbio. (por su forma de modificar, adverbios como **very** y **too** se conocen también como intensificadores)

Por la modificación que hacen, los adverbios pueden ser de de modo, de tiempo, de lugar, de grado, interrogativos, de afirmación, de probabilidad, de negación, de cantidad y de comparación.

Adverbios de modo

Son los que nos dicen en qué forma se llevó a cabo cierta acción; los adverbios de modo responden a la pregunta **how...?** Ejemplos:

She listened **patiently** to the boys.	Ella escuchó a los muchachos **pacientemente.**
He drove the car **carefully.**	Él manejó el carro **cuidadosamente**.
Did he sleep **well** last night?	¿Él durmió **bien** anoche?

En los ejemplos anteriores, los adverbios **patiently, carefully** y **well** nos dicen cómo fueron realizadas las acciones de **escuchar, manejar** y **dormir.**

Los adverbios de modo forman un grupo bastante numeroso en la lengua inglesa; esto se debe a que muchos de ellos se forman a partir de adjetivos, para esto, utilizan el sufijo **ly** que equivale en español al sufijo **mente**, esto se hace siguiendo ciertas reglas, por ejemplo: los adjetivos terminados en **le** únicamente cambian la letra **e** por la letra **y**: **comfortable – comfortably**, los que terminan en **y** cambian ésta por una **i** y se les agrega el sufijo **ly**: **noisy – noisily, lazy – lazily**, finalmente, los terminados en **ue** pierden la letra **e** y se les agrega el sufijo **ly**: **true – truly**.

Algunos adverbios de modo son:

confidently	easily	fast	quietly
suddenly	well	badly	aloud
slowly	softly	strictly	truly
scarcely	hardly	fastly	properly
briefly	solemnly	carefully	patiently
quickly	simply	deeply	clearly

Adverbios de tiempo

Los adverbios de tiempo son los que nos aclaran cuándo; responden a la pregunta **when...?** En este grupo se incluyen también los que en inglés se conocen como adverbios de frecuencia. Damos a continuación ejemplos de su uso y una lista de los adverbios de tiempo más comunes:

He **always** has dinner in this restaurant.	Él **siempre** come en este restaurante.
They **seldom** arrive on time.	Ellos **rara vez** llegan a tiempo.
She went to the theater **yesterday.**	Ella fue al teatro **ayer.**

Algunos adverbios de tiempo son:

after	before	now	soon	frequently
again	early	often	still	while
ago	late	once	then	already
ever	seldom	today	forever	always
never	sometimes	yesterday	tomorrow	often
usually	last week	last year	next month	next weekend

Adverbios de lugar

Son los que nos dicen dónde se encuentra o en qué lugar acontece un suceso; estos adverbios responden a la pregunta **where...?** Damos a continuación ejemplos de de su uso y una lista de los adverbios más comunes de este grupo:

There is a restaurant **in front of** the church.	Hay un restaurante **frente a** la iglesia.
She was sitting **next to** the window.	Ella estaba sentada **junto a** la ventana.
The teacher was **behind** the desk,	El maestro estaba **detrás** del escritorio.

Algunos adverbios de lugar son:

there	around	far	anywhere	nowhere
behind	near	below	up	here
off	upward	away	above	across
along	back	down	abroad	everywhere
upstairs	in front of	next to	inside	outside

Adeverbios de grado

Los adverbios de grado son los que responden a las preguntas **how much...? How soon...? How far...? y To what degree...?** Ejemplos:

The car travelled **rather fast**.	El carro iba **más bien rápido.**
He was an **extremely good** singer.	Él era un **extremadamente buen** cantante.
She plays **quite well.**	Ella juega **bastante bien.**

Algunos adverbios de grado son:

absolutely	completely	entirely	exactly
particularly	partly	scarcely	slightly

adverbios interrogativos

Los adverbios interrogativos son aquellos que pueden empezar una pregunta; ellos son: **when** (adverbio de tiempo), **where** (adverbio de lugar), **how** (adverbio de modo o de grado) y **why** (se utiliza para preguntar la causa o el propósito). Ejemplos de su uso:

When are you going to return?	**¿Cuándo** vas a regresar?
Where did you buy that bag?	**¿Dónde** compraste esa bolsa?
How did she know about it?	**¿Cómo** supo de eso?
Why did you sell your car?	**¿Porqué** vendiste tu carro?

Adverbios de afirmación, de probabilidad y de negación

Como su nombre lo indica, estos adverbios se utilizan para afirmar, negar o indicar la probabilidad de algo.

Yes, maybe y **no,** son respectivamente los prototipos de los adverbios de afirmación, de probabilidad o duda y de negación; algunas otras voces que cumplen estas funciones son:

certainly, perhaps, naturally, never, obviously, of course, surely...

Ejemplos de su uso:

He **never** wrote to me.	Él **nunca** me escribió.
Perhaps I'll see her in the office.	**Tal vez** la vea en la oficina.
Of course, they will come tomorrow.	**Claro**, ellos vendrán mañana.

Adverbios de cantidad

Estos adverbios son los que nos responden a las preguntas con **how much...?** O **how many...?** Algunos de ellos son:

a little	**quite**	**enough**	**too**	**many**
much	**more**	**a lot**	**less**	**once**

Ejemplos de su uso:

To eat **a lot** is not advisable.	No es recomendable comer **mucho.**
He drank **too much** wine in the party.	Tomó **demasiado** vino en la fiesta.
He plays chess **twice a week.**	Juega ajedrez **dos veces a la** semana.

La comparación de los adverbios

Los adverbios tienen también grados de comparación, esta característica la comparten también con los adjetivos y siguen las mismas reglas que se aplican a aquéllos y que esta explicada en el capítulo V de este trabajo, sin embargo, con los adverbios las cosas suelen ser un poco más complejas por varias razones, por ejemplo, adverbios como **today, now, never** y algunos otros no aceptan estos grados de comparación. Muchos de los adverbios de modo se forman a partir de adjetivos (**easy – easily**, **patient - patiently**) y ya como adverbios también aceptan las reglas que se aplican para las comparaciones en cuyo caso tendremos que ver si al adverbio ahora es, como en los casos del paréntesis, una palabra bisílaba o trisílaba y saber cual regla aplicar; finalmente, los adverbios interrogativos (**when, where, how** y **why**) tampoco aceptan ninguno de estos cambios.

En este punto es conveniente recordar la regla y ver algunos ejemplos.

Los adverbios se pueden entonces clasificar como cortos o largos (**fast – carefully**) y, de acuerdo a esto, aplicar la regla ya sea para el comparativo o el superlativo; el comparativo de igualdad se forma con la fórmula **as ... as**. Los comparativos de superioridad o inferioridad con adverbios cortos requieren del sufijo y conjunción **er than (faster than, slower than)**, en el caso de adverbios largos se utiliza el adverbio **more** y la conjunción **than (more carefully than)**, en este punto hay que hacer notar, que cuando queremos expresar la idea de inferioridad (menos que) utilizamos la forma **less .. than** independientemente del tamaño del adverbio.

El superlativo también puede ser de superioridad o de inferioridad; el de superioridad se forma agregando **est** a los adverbios cortos y anteponiendo el adverbio **most** cuando se trata de adverbios largos. El superlativo de inferioridad se forma anteponiendo la palabra **least** al adverbio. Ejemplos:

Comparativos de igualdad

George runs **as fast as** Robert.

George corre **tan rápido como** Robert.

Tony writes **as slow as** my sister.

Tony escribe **tan lento como** mi hermana.

Comparativo de superioridad e inferioridad:

George runs **faster than** Robert.

George corre **más rápido que** Robert.

Tony spoke **less clearly than** my sister.

Tony habló **menos claro que** mi hermana.

Superlativos de superioridad e inferioridad:

George ran fast, Betty ran faster than George but Robert was **the fastest** of them.

George corrió rápido, Betty corrió más rápido que George pero Robert fue **el más rápido** de todos.

From all her friends, Albert was the one who spoke **most sincerely** to her.

De todos sus amigos, Albert fue el único que le habló **más sinceramente.**

They were looking for **the least crowded** restaurant.

Ellos estaban buscando el restaurante **menos atestado.**

Colocación de los adverbios.

Aunque siguen ciertas reglas, podríamos decir que los adverbios no tienen un lugar fijo en el enunciado; pueden estar después del verbo, antes del adjetivo, antes del participio pasado, al principio del enunciado o bien al final del mismo, esto, depende muchas de las veces del énfasis que quiera denotarse en el enunciado. Obviamente, los adverbios interrogativos, irán siempre al principio del enunciado; también, por la connotación que implican, muchas veces los adverbios de negación y de afirmación van al principio. Ejemplos:

She lives **near** my house.
Ella vive **cerca** de mi casa.
That kind of work is **usually** difficult.
Ese tipo de trabajo es **usualmente** difícil.
She has **already** done the homework.
Ella **ya** ha hecho la tarea.
They will come to your house **next Saturday.**
Ellos vendrán a tu casa **el próximo sábado.**

They realized the danger **immediately.**
Ellos se dieron cuenta del peligro **inmediatamente.**
Immediately, they realized the danger.
Inmediatamente ellos se dieron cuenta del peligro.
They **immediately** realized the danger.
Ellos **inmediatamente** se dieron cuenta del peligro.

Yes, we will visit your aunt.
Sí, visitaremos a tu tía.
No, she won't drive my car in that condition.
No, ella no manejará mi carro en esas condiciones.

When will you visit us?
¿**Cuándo** nos visitarás?
Where did you park the car?
¿**Dónde** estacionaste el carro?

VIII

The preposition

La palabra preposición significa algo puesto antes de, ya que por lo general, estas palabras anteceden a los sustantivos. Las preposiciones nos sirven para expresar una relación entre elementos de distinta función en el enunciado; un sustantivo o un pronombre y otro sustantivo, un adjetivo o un verbo.

A diferencia del español, donde se tienen diecinueve preposiciones, en la lengua inglesa su número es mayor, esto obedece a que muchos de los adverbios operan también como preposiciones.

Las preposiciones en la lengua inglesa se clasifican en dos grandes grupos: de lugar y de tiempo. Como su nombre lo indica, las preposiciones de lugar se utilizan para hacer referencia al sitio, en tanto que las de tiempo, hacen referencia al mismo.

Principales preposiciones de lugar:

about	above	across	after	against
cerca, alrededor	sobre, encima	del otro lado	tras, detrás	contra

along	alongside	amid, among	around	at
a lo largo, por	al lado	entre	alrededor	en
before	**behind**	**below**	**beneath**	**beside**
ante, enfrente	detrás	bajo, debajo	debajo	al lado
between	**beyond**	**by**	**down**	**from**
entre	más allá	cerca, por	abajo	de, desde
in	**inside**	**into**	**near**	**off**
en, dentro de	en, dentro	en, dentro	cerca	fuera
on	**onto**	**opposite**	**outside**	**over**
en, sobre	sobre	enfrente	fuera, afuera	sobre, arriba
past	**through**	**throughout**	**to**	**toward (s)**
más allá	a través	a lo largo de	a, hasta, hacia	hacia
under	**underneath**	**up**	**upon**	**within**
bajo, debajo	bajo, debajo	arriba	sobre, encima	dentro

Principales preposiciones de tiempo:

about	after	around	at	before	between
alrededor	después	cerca	a	antes	entre
by	**during**	**for**	**from**	**in**	**on**
por	durante	por, durante	de, desde	en, dentro de	en, sobre de
over	**past**	**since**	**through**	**till**	**to**
más	después	desde	durante	hasta	a, para, hacia
until					
hasta					

Antes de dar paso a lo que las preposiciones indican y de ver sus respectivos ejemplos, conviene decir que muchas de las preposiciones tienen usos muy diversos, así que no nos parezca extraño encontrar la misma preposición con diferentes significados; preposiciones tales como **in, on, with, by, of, to,** por mencionar solamente algunas de ellas, tienen la particularidad de expresar diferentes tipos de relación entre los elementos que forman el enunciado. Ejemplos:

Nos hablan de cercanía

Las preposiciones **about, around, near, beside, by,** hacen relación de cercanía o proximidad. Ejemplos:

That tree is **about** to fall.	Ese árbol está **a punto de** caer.
Her house is **around** the corner.	Su casa está **a la vuelta de** la esquina.
There is a drugstore **beside** the hospital.	hay una farmacia **a un lado** del hospital.
I go **by** your school almost every day.	Yo paso **por** tu escuela casi todos los días.
He lives **near** the stadium.	Él vive **cerca** del estadio.

Se refieren a la posición

La preposiciones que nos indican esto son: **above, against, on, over, upon**. Ejemplos:

Black clouds began to gather **above** the ship.	Negras nubes empezaron a juntarse **sobre** el barco
He placed the ladder **against** the wall.	Él colocó la escalera **contra** la pared.

The knife I need is **on** the table.	El cuchillo que necesito está **sobre** la mesa.
The horse jumped easily **over** the fence.	El caballo brincó fácilmente **sobre** la cerca.
All of a sudden the cat leaped **upon** the table.	De pronto el gato se subió **sobre** la mesa.

Indican movimiento

Las preposiciones que nos indican desplazamiento son: **into, across, along** y **through**. Ejemplos:

He walked **across** the desert.	Él caminó **por** el desierto.
The boat sailed **along** the coast.	El bote navegó **a lo largo de** la costa.
I saw her **through** the open window.	Yo la vi **por** la ventana abierta.
He stepped **into** the room.	Él entró **al** cuarto.

Especifican que algo se encuentra dentro de ciertos límites

Las preposiciones **amid, among y between** generalmente se traducen como **entre** y nos dan la idea de que algo se encuentra rodeado o en medio de. Por otro lado, **among y between** guardan una clara diferencia **among** indica que algo o alguien se encuentra rodeado o bien en medio de, en tanto que **between** nos indica que algo o alguien se encuentra entre dos cosas o personas. Ejemplos:

They felt they were **among** friends.
Ellos sentían que estaban **entre** amigos.
I found this book **among** many others.
Encontré este libro **entre** muchos otros.

The girl was standing **between** the door and the desk.

La muchacha estaba **entre** la puerta y el escritorio.

The woman **between** the doctor and the boy is an actress.

La mujer **entre** el doctor y el muchacho es una actriz.

Indican un lugar

Las preposiciones **at, in** y **on** nos indican un lugar, pero cada una de ellas lo hace de diferente manera, así, **at** indica una posición relacionada con un punto; **on** indica que algo está en contacto con una superficie y finalmente, **in** que indica la posición de algo dentro de los límites de tres dimensiones. Ejemplos:

The car stopped **at** the gas station.	El carro se detuvo **en** la gasolinera.
The chalk is **on** the desk.	El gis está **sobre** el escritorio.
Your notebooks are **in** the box.	Tus libretas están **dentro de** la caja.

Abajo

Las preposiciones **below, beneath, under** y **underneath** nos dan la idea de **abajo, bajo, debajo** y **por debajo de,** aunque cada una de ellas tiene diversos matices, la idea general que presentan es siempre la que se menciona arriba. Ejemplos:

He wrote his name right **below** mine.	Escribió su nombre justo **abajo** del mío.
They felt the wind **beneath** his wings.	Ellos sentían el viento **bajo** sus alas.
She went running **down** the street.	Ella se fue corriendo calle **abajo.**
He found this coin **under** a big stone.	Él encontró esta moneda **bajo** una gran piedra.

Hacen referencia a un lugar

Las preposiciones que dan un punto de referencia son **from, off, opposite, to** y **towards**. Ejemplos:

He comes **from** Italy.	Él viene **de** Italia.
The curtain is **off** the curtain rod.	La cortina está **fuera** del cortinero.
The cafeteria is **opposite** the museum.	La cafetería está **enfrente** del museo.
They go **to** the post office.	Ellos van **a** la oficina postal.
The ship headed **toward** the port.	La nave se dirigió **hacia** el puerto.

Indican si algo se encuentra dentro o afuera

Las preposiciones **in, inside, into, outside** y **within,** nos indican si algo o alguien se encuentra en el exterior o en el interior, **inside** se refiere siempre a espacios cerrados. Ejemplos:

She is **in** the kitchen.	Ella está **en** la cocina.
They are **inside** the house.	Ellos están **dentro** de la casa.
They go **into** town once a week.	Ellos van **al** pueblo una vez por semana.
The dog sleeps **outside** the house.	El perro duerme **fuera** de la casa.
There is an expensive painting **within** the church	Hay una pintura cara **dentro** de la iglesia.

En cierta forma hacen relación al tiempo

En determinadas circunstancias, las preposiciones **after, before, over, past** y **to,** nos indican si algo ocurrió antes o después. Ejemplos:

They left the house **after** eight.	Ellos salieron de casa **después** de las ocho.
She was playing in the garden **before** the rain.	Ella estaba jugando en el jardín **antes** de la lluvia.
He sent the money every month **for over** a year.	ÉL envió dinero cada mes **por más de** un año.
She was at home **to** the last day of her life.	Ella estuvo en casa **hasta** el ultimo día de su vida.

También se refieren al tiempo

En su acepción de tiempo, las preposiciones **at, in** y **on** tienen un uso específico; **at** suele indicar un momento determinado incluso en horas o minutos; **in** es menos preciso, señala únicamente la semana, mes, año, siglo o época en que algo aconteció, la preposición **on** se utiliza para referirse a un día en especial o a una fecha exacta. Ejemplos:

I'll meet you **at** five o'clock.	Te encontraré **a** las cinco en punto.
Her birthday is **in** July.	Su cumpleaños es **en** julio.
This club was funded **in** 1970.	Este club se fundó **en** 1970.
I met her **on** a Christmas Eve.	La conocí **en** una víspera de Navidad.
America was discovered **on** October 12, 1492.	América fue descubierta **en** octubre12 de 1492.

Nos indican un tiempo aproximado

Las preposiciones **about, around, by, till** y **until** nos indican proximidad en tiempo, las preposiciones **till** y **until** denotan más bien un límite en el mismo. Ejemplos:

He answered **about** a month later.
Él respondió **más o menos** un mes después.
She will be here **around** dinner time.
Ella llegará **alrededor** de la hora de la comida.

Dinner was ready **by** five o'clock.
La comida estuvo lista **a** las cinco en punto.
He worked **till** the clock struck five o'clock.
Él trabajaba **hasta** que daban las cinco en el reloj.
They found the letter **until** it was too late.
Encontraron la carta hasta que era demasiado tarde.

Indican un periodo

Las preposiciones que nos indican la duración de algo son **between, during, for, since, through, throughout** y **within**. Ahora bien, **for** señala el tiempo transcurrido sin interrupciones, **since** denota un límite en el tiempo, **through** expresa un periodo de tiempo perfectamente definido, **throughout** señala el tiempo comprendido a todo lo largo de un periodo, y, finalmente, **within** nos indica que la acción del verbo ha tenido lugar antes de que termine el periodo expresado. Ejemplos:

It's only half an hour **between** the
moment you left and this time.
Es sólo media hora **entre** el momento que saliste y ahora.
She lived in Europe **during** the war.
Ella vivió en Europa **durante** la guerra.
I have studied English **for** five years.
He estudiado inglés **durante** cinco años.
We have lived here **since** last month.
Hemos vivido aquí **desde** el mes pasado.
Their friendship lasted **through** his vacation only.
Su amistad duró **todo el tiempo de** sus vacaciones solamente.
This hotel is closed **throughout** the winter.
Este hotel se cierra **durante todo** el invierno.
He will arrive **within** five minutes.
Él llegará **en los próximos** cinco minutos.

Antes de cerrar el capítulo

La preposición no suele ser un tema fácil en español, pero como se ha visto por los diferentes giros que tiene, en el inglés es un poco más complicada. Este suele ser uno de los temas más complicados para los estudiantes de inglés, así que veamos algunas sugerencias sencillas:

Por lo regular:

to

Indica destino, se traduce como: **a, hasta, hacia, para.** Ejemplos:

This bus goes **to** Guadalajara.	Este autobús va **para** Guadalajara.
She went back **to** his country.	Ella regresó **a** su país.

for

Indica un propósito, se traduce como: **por, para.** Ejemplos:

The flowers are **for** your sister.	Las flores son **para** tu hermana.
The pen is **for** you to write the letter.	La pluma es **para** que escribas la carta.

By

Indica un medio para hacer algo, se traduce como **por , en.** Ejemplos:

She came **by** train.	Ella llegó **por** tren.

in, on, at

Son preposiciones de lugar, las tres se traducen como **en,** pero cada una de ellas indica algo diferente, **in** denota que algo está dentro de ciertos límites, **on** indica que algo toca una superficie y **at** nos indica que algo o alguien debe estar en cierto lugar sin determinarlo. Ejemplos:

The book is **in** the box.	El libro está **en** la caja.
The book is **on** the desk.	El libro está **en** el escritorio (**sobre** el escritorio).
She is **at** school.	Ella está **en** la escuela (no aclara en qué parte de la escuela).

of

Esta preposición denota una pertenencia o bien nos indica también de qué material está hecho algo. Ejemplos:

The big one is the house **of** my brother.	La casa grande es la **de** mi hermano.
The little pig made his house **of** straw.	El cochinito hizo su casa **de** paja.

from

Esta preposición denota procedencia u origen, ejemplos:

She is **from** Canada.	Ella es **de** Canadá.

Finalmente, una última aclaración, debido a que en la lengua española el infinitivo puede seguir a la preposición **para,** (lo cual es bastante común), los estudiantes latinos de la lengua inglesa tienden a agregar un verbo en infinitivo después de la preposición **for,** lo cual por supuesto es incorrecto, ya que en inglés después de la preposición **for,** lo que debe seguirle es un gerundio o un sustantivo. Ejemplos:

Ella vive **para** comprar.	She lives **for** buying.
El viene **por** la competencia.	He comes **for** the competition.

Ellos trabajaron **para** comprar el carro.	They worked **for** buying the car.
Ella nació **para** bailar.	She was born **for** dancing.
Ella vino **para** darle el dinero.	She came **for** giving you the money.

IX

The conjunction

La conjunción se define como el elemento invariable del enunciado que se utiliza para enlazar elementos de igual función dentro del mismo; cabe mencionar aquí, que esta característica es la diferencia entre preposiciones y conjunciones (ambas son elementos de enlace); las primeras unen elementos de diferente función en tanto que las segundas unen elementos de igual función.

La conjunción une adjetivos con adjetivos, sustantivos con sustantivos, verbos con verbos, frases con frases y oraciones con oraciones.

En la lengua inglesa encontramos cuatro tipos diferentes de conjunciones; éstas pueden ser: coordinantes, correlativas, subordinantes y los llamados adverbios conjuntivos.

Conjunciones coordinantes

Aún cuando todas las conjunciones se utilizan como enlaces, existen entre ellas ciertas particularidades, las conjunciones coordinantes son aquellas voces que unen elementos de igual función (la forma más sencilla, podríamos decir) dentro del enunciado; esto es: sustantivos con sustantivos, adjetivos con adjetivos, etc. Entre ellas tenemos: **and, but, or**. Ejemplos:

The car is red **and** black.	El carro es rojo **y** negro.
She spoke quietly **but** firmly.	Ella habló tranquila **pero** firmemente.
Do you want to study **or** to work?	¿Quieres estudiar **o** trabajar?

La conjunción **for** es coordinante solamente cuando une oraciones; **nor** se utiliza como coordinante solamente cuando está precedida por otra palabra negativa; ejemplos:

They were not interested in weapons
for they didn't expect war.
Ellos no estaban interesados en armas
ya que no esperaban guerra.
She isn't at school today, **nor** has she been for a week.
Ella no está en la escuela hoy, **ni** ha estado por una semana.

Las conjunciones correlativas
Este grupo está formado por unas cuantas voces que generalmente se utilizan por pares, ellas son: **not only ... but, either ... or, neither ... nor, both ... and, whether ... or**. Ejemplos:

He is **not only** very tall **but** also uncommonly strong.
No solamente es muy alto **sino** también
de una fuerza descomunal.
Either father **or** mother will help us.
Ya sea papá **o** mamá nos ayudarán
Both the dog **and** the cat sleep inside the house.
Ambos, el perro **y** el gato duermen dentro de la casa.
I could not decide **whether** to study **or** to rest.

Yo no podía decidir **si** estudiar **o d**escansar.

Neither persuasion **nor** punishment had any effect on her.

Ni la persuasión **ni** el castigo tenían algún efecto sobre ella.

Las conjunciones subordinantes

Son las palabras que se utilizan para unir cláusulas adverbiales; estas palabras no solamente unen la oración subordinada a la principal, sino que nos hablan de la relación existente entre las dos oraciones, estas relaciones pueden ser de tiempo, de lugar, de causa, de resultado, de excepción, de condición o de alternativa. Ejemplos:

As he was going away, his wife entered the room.

Al tiempo que él se retiraba, su esposa entró en la habitación.

Let's go home, **where** we can speak freely.

Vamos a casa **donde** podemos hablar libremente.

Since you want to speak to her, I will let you alone.

Puesto que tú quieres hablar con ella, los dejaré solos.

One of us must go, if you won't, **then** I will.

Uno de los dos tiene que ir, si no lo haces tú **entonces** iré yo.

It was raining hard **but** in spite of that the
stadium was crowded with fans.

Llovía fuerte, **pero** a pesar de eso, el estadio
estaba atestado de fanáticos.

If he comes to the party I will go home.

Si él viene a la fiesta yo me iré a casa.

Unless he changed his mind, we will visit you tomorrow.

A menos que él cambie de opinión, te visitaremos mañana.

La conjunción that

Una de las conjunciones más empleadas en español es **que**, su equivalente en inglés es **that**, como conjunción se utiliza principalmente para unir cláusulas subordinadas a la cláusula principal y tiene los siguientes significados: resultado, consecuencia, efecto. Ejemplos:

He bled **so** profusely **that** he died.
Sangraba **tan** abundantemente **que** murió.
They left early **so that** they would avoid meeting him.
Se fueron temprano, **así** evitarían encontrarse con él.
I'm telling you, **so that**, you may know what to tell them.
Te lo digo a ti, **así**, tú sabrás qué les digas a ellos.

La conjunción **that** se omite algunas veces cuando inicia una cláusula subordinada:

He said **that** they were out of town.   He said they were out of town.
Él dijo **que** ellos estaban fuera del pueblo.

No debe omitirse si forma parte del sujeto u objeto directo con que se inicia una cláusula dependiente. Ejemplo:

That every man has the right to free speech
is one of the principles of democracy.

Que toda persona tiene el derecho a la libertad de palabra es uno de los principios de la democracia.

En el ejemplo anterior, **That every man has the right to free speech** es el sujeto, mientras que **is one of the principles of democracy** opera como predicado.

Finalmente, no debe omitirse la conjunción **that** si hay riesgo de confusión.

Las conjunciones subordinantes más comunes son:

after	till	because	where	so that
después	hasta	porque	donde	así
whatever	**in order to**	**as though**	**whenever**	**as if**
lo que sea	para	como si	cuando sea	como si
since	**as**	**until**	**although**	**while**
puesto que	como	hasta	aunque	mientras que
though	**provided**	**than**	**unless**	**before**
aunque	ya que	que	a menos que	antes
wherever	**if**	**as long as**	**when**	
donde sea	si	en tanto que	cuando	

Adverbios conjuntivos

Ciertos adverbios son utilizados para unir oraciones principales; cuando esto ocurre, el adverbio en cuestión, se dice que es un adverbio conjuntivo; este tipo de adverbios con valor de conjunción, están entre un punto y coma y una coma. Ejemplos:

His conversation is always about himself; **hence**, tiresome.

Su conversación siempre es acerca de sí mismo, **por lo tanto**, es aburrida.

This is an isosceles triangle; **therefore**, two of its angles are equal.

Este es un triángulo isósceles, **por lo tanto**, dos de sus ángulos son iguales.

I was really tired; **so**, I didn't call her.

Yo estaba realmente cansado, **así que**, no la llamé.

Los adverbios conjuntivos más comunes son los siguientes:

accordingly	furthermore	however	nevertheless
de acuerdo a	además	sin embargo	no obstante

then	yet	consequently	hence
entonces	aún así	consecuentemente	por lo tanto
moreover	**otherwise**	**therefore**	**also**
más aún	de otra manera	además	también

X

The Interjection

Las interjecciones son las palabras o grupos de palabras por medio de las cuales se denota dolor, asombro, sorpresa, alegría o algún otro sentimiento. Las interjecciones no forman parte integral del enunciado, más bien son totalmente ajenas al mismo, pero, de acuerdo a lo que por medio de ellas se puede expresar, llegan a tener por sí mismas la categoría de oraciones completas ya que es mediante estas expresiones por las que damos a conocer lo que de momento la sorpresa, impresión o dolor nos han impedido formar en un enunciado formal.

A continuación se da una lista de las interjecciones más comunes en la lengua inglesa:

Oh! Shut up!	**Good God!**	**Wow!**
¡Ya cállate!	¡Santo Dios!	¡Bravo
Alas, such is life!	**Hey!**	**Dear me!**
¡Así es la vida!	¡Oiga!	¡Dios mío!
Why, Ruth! You are here!	**Good!**	**Oh, dear!**
¡Vaya, Ruth! ¡Ya llegaste!	¡Qué bueno!	¡Válgame Dios!

For God's sake!	**Ouch!**	**Oh, come now Joe!**
¡Por amor de Dios!	¡Ay!	¡Vamos, Joe!
Oh, bother!		
¡Qué lata		

XI

The possesive

Al igual que en el español, en la lengua inglesa la posesión se indica de diversas maneras; utilizamos el verbo **have** (I **have** a car), también utilizamos la preposición **of** (The house **of** my sister), utilizamos también los adjetivos posesivos (**my** book, **his** watch, **their** car) o bien los pronombres posesivos (That book is **mine**).

Todas estas formas de indicar la pertenencia son similares en ambos idiomas, sin embargo, una forma de indicar la pertenencia que no tiene similar en el español es el que conocemos como el posesivo sajón; consiste en utilizar el apóstrofe y la letra **s**, al emplear esta forma de pertenencia en el inglés, se escribe primero el nombre del poseedor, al cual se le agrega **'s** e inmediatamente después el nombre del objeto que es motivo de pertenencia, este tipo de posesión evita el uso del artículo y la preposición, ejemplos:

The house of Lilia.	Lilia**'s** house.
The car of my brother.	My brother**'s** car.
The pencils of the children.	The children**'s** pencils.

XII

The clauses

Una cláusula es un grupo de palabras que contienen un sujeto y un predicado y que funciona como una parte de una oración compleja o compuesta; dicho en otras palabras, la cláusula es una parte de una oración; consta de un verbo y su sujeto y éstos se encuentran formando parte de una oración más compleja.

Existen cláusulas principales y cláusulas subordinadas. Una cláusula que tiene sentido por sí misma es una cláusula principal; una cláusula que no puede ofrecer sentido por sí misma es una cláusula subordinada. Ejemplos:

The box **which held the books** was full.
La caja **que tenía los libros** estaba llena.
The dress **which she liked** was very expensive.
El vestido **que le gustó a ella** era muy caro.
San Francisco **which I visited last year,** is an important city.
San Francisco **la cual visité el año pasado**
es una ciudad importante.

En las oraciones anteriores, los enunciados que se encuentran en negritas, no pueden ofrecer sentido por sí solos, puesto que se trata de cláusulas subordinadas, en tanto que las que no están marcadas si ofrecen sentido por sí mismas.

Dicho de otra manera, si borramos las oraciones que se encuentran remarcadas las palabras de la oración que nos quede seguirá teniendo sentido. Ejemplos:

The box was full.	**(which held the books)**
The dress was very expensive.	**(which she liked)**
San Francisco is an important city.	**(which I visited last year)**

Cláusulas y pronombres relativos

Los pronombres **who, whose, whom, which** y **that** son utilizados para introducir cláusulas adjetivales (no son los únicos que pueden introducir estas cláusulas). Una cláusula adjetival introducida por alguno de estos pronombres suele llamarse cláusula relativa y en tales casos, el pronombre relativo cumple dos funciones: primero, introduce la cláusula relacionándola con la oración principal. Segunda, el pronombre es utilizado como una palabra dentro de la misma cláusula. Ejemplos:

Miss Jenkins **who taught the science classes** is the substitute teacher.
Miss Jenkis quien daba la clase de ciencias es la maestra sustituta.

Miss Jenkins is the substitute   **who taught the science classes**
teacher.

Joan **whose tennis racket I borrowed** is your sister classmate.
Joan cuya raqueta tomé prestada es la compañera de tu hermana.

Joan is your sister classmate.   **whose tennis racket I
                                          borrowed**

The girl **whom you invited** is Sandra's cousin.
La muchacha a quien invitaste es la prima de Sandra.
The girl is Sandra's cousin.   **whom you invited**

Así, en las oraciones anteriores los pronombres relativos introducen cláusulas adjetivales que modifican los antecedentes de éstos: **the substitute teacher, your sister classmate** y **Sandra's cousin**

Clases de oraciones

Existen tres formas básicas de oraciones: **the simple sentence, the compound sentence** y **the complex sentence**. Una cuarta clasificación sería **the compound complex sentence**, la cual es una combinación de las dos formas a las que hace mención; veamos en qué consiste cada una de ellas:

The simple sentence

Son las oraciones sencillas, constan de sujeto, verbo y predicado. Ejemplos:

Jack laughed at the news.   Jack se rió al escuchar las noticias.
It was a good portrait.   Era un buen retrato.

The compound sentence

Este tipo de oraciones constan de dos o más oraciones unidas por lo regular por una coma, un punto y coma o bien por una conjunción coordinante. Ejemplos:

He has a good car and he likes to drive carefully.
Él tiene un buen carro y le gusta manejar cuidadosamente.
Father drove the car, mother studied the map.
Mi padre manejaba el carro, mi madre estudiaba el mapa.

The complex sentence

Este tipo de oraciones constan de una cláusula principal y de una o más cláusulas subordinadas:

Please jump when I signal	**Por favor salte** cuando yo lo indique.
The story that I heard	**La historia que escuché**
was true.	era cierta.

En las oraciones anteriores **please jump** y **the story is true**, tienen sentido por sí mismas, lo cual no ocurre con **when I signal** y con **that I heard** debido a que estas últimas son oraciones subordinadas. La cláusula subordinada es utilizada para modificar una palabra de la cláusula principal.

The complex sentence

Las oraciones complejas que contienen cláusulas sustantivas son en cierta manera distintas; la cláusula subordinada es utilizada para modificar una palabra de la cláusula principal; dicho en otras palabras, la cláusula sustantiva es parte de la cláusula principal. Ejemplos:

What I heard made me happy.
(Cláusula sustantiva sujeto de **made**)
What I need is to sleep.
(Cláusula sustantiva sujeto de **is**)
Bill said **that the man was Dr. Smith**.
(Cláusula sustantiva objeto de **said**)

The compound complex sentence

Este tipo de enunciados constan de dos o más cláusulas principales y de una o más cláusulas subordinadas, donde, las cláusulas subordinadas modifican una palabra en una de las cláusulas principales o bien, actúa como sustantivo dentro de una de ellas. Ejemplo:

They looked quickly and suddenly they saw a cardinal which had just left its nest.

Donde **they looked quickly** es una cláusula principal; **suddenly they saw a cardinal** es también una cláusula principal y **which had just left his nest** es una cláusula subordinada.

Tipos de cláusula

Las cláusulas pueden ser adjetivales (relativas), adverbiales y cláusulas sustantivas.

Modifican adjetivos

My room is **as large as Bob's is.**   (to what extent)
Mi cuarto es **tan grande como el de Bob.**
The balloon is **smaller than it once was**.   (how much)
El globo es **más pequeño de lo que era.**

Modificando adverbios

He walks **more slowly than he used to walk.**   (how much)
Él camina **más lento de lo que solía.**

Cláusula sustantiva

Una cláusula sustantiva es aquella que se utiliza como sustantivo:

What he told me is startling.   (Usada como sujeto)

Lo que él me dijo es asombroso.

The strange is that **I have not**   (Sustantivo predicativo)
heard of this before.

Lo raro es que **yo no he oído de esto** antes.

We found **what we were looking for.**   (Objeto directo)

Encontramos **lo que andábamos buscando**.

Cláusulas adjetivales

Las cláusulas adjetivales se conocen también como relativas; son las cláusulas subordinadas que se utilizan para modificar un sustantivo o un pronombre en la cláusula principal. La mayoría de las cláusulas adjetivales se utilizan con una palabra introductoria, sin embargo, se pueden utilizar cláusulas adjetivales sin palabra introductoria. Ejemplos:

Here is the place **where we lived last year.**	Aquí está el lugar **donde vivimos el año pasado.**
Fall is the time **when they play tennis.**	Otoño es la época **cuando ellos juegan tenis.**
Here is the story **that I wrote.**	Aquí está la historia **que escribí.**

En las oraciones anteriores, las palabras **where, when,** y **that** son las palabras introductorias, en las oraciones que se presentan a continuación no existe ninguna palabra introductoria:

The car he wants is a Mustang.	El carro que quiere es un Mustang.
That is the show we saw last year.	Ése es el espectáculo que vimos el año pasado.
This is the book I bought for my sister.	Éste es el libro que compré para mi hermana.

Los relativos which, that y whom

Los relativos **which, that y whom** se omiten en el enunciado cuando son objeto del verbo en la cláusula, ejemplos:

The house **(which)** he bought is of colonial architecture.
La casa **que** él compró es de arquitectura colonial.
I like the songs **(that)** my mother used to sing.
A mi me gustan las canciones **que** mi madre solía cantarme.
The girl **(whom)** you invited is Lilia's cousin.
La muchacha **a quien** invitaste es la prima de Lilia.

En los enunciados anteriores se puede omitir el relativo sin que el enunciado pierda sentido, por supuesto en el español es indispensable el uso del relativo.

Una de las funciones de los relativos es la de incluir cláusulas en un enunciado; esto es, nos sirven para hacer enunciados compuestos, esto no es tan complicado, vamos a pensar que si tenemos dos enunciados simples, el relativo nos permite juntarlos en uno solo el cual pasa a ser un enunciado compuesto, ejemplo:

Christopher Columbus was a sailor.
Christopher Columbus discovered America.

The sailor **who discovered America**
was Christopher Columbus.

Cristóbal Colón era un marinero.
Cristóbal Colón descubrió América.

El marinero **que descubrió América** era Cristóbal Colón

XIII

Voces variables e invariables

Al igual que en el español, en la lengua inglesa encontramos voces variables e invariables; estos cambios en ciertas voces se deben al género, número, conjugación o cualquier otro accidente gramatical que pueda admitir la palabra de la cual hablamos; tomemos como ejemplo el sustantivo **house** que al cambiarla a plural sería **houses** y veamos una palabra que no acepta ningún cambio, por ejemplo el adverbio **always.**

son variables:	son invariables:	
el sustantivo	el artículo	la conjunción
el pronombre	el adjetivo	la interjección
el verbo	el adverbio	la preposición

Los condicionales

Uno de los temas que suelen ser complicados, en particular para estudiantes de secundaria y preparatoria, suelen ser los condicionales, la razón, o mejor dicho la solución para esos problemas suele radicar precisamente en el conocimiento que el alumno tenga de su propio idioma, del español en este caso.

La palabra clave en este tema es la conjunción **if**, (si, condicional, recuérdese que **yes** es sí, afirmativo y **whether** es si, disyuntivo) el condicional **if** se maneja en ingles de cuatro formas:

Zero conditional, the first conditional, the second conditional y the third conditional.

Zero conditional

El condicional cero describe lo que ocurre en general, los enunciados pueden ser afirmativos o negativos.

Afirmativo	**Negativo**
A) If you sit on the sun, you get burned.	A) If they don`t work, they don`t have money.
B) If you eat fats and sugars, you get fat.	B) If babies don`t eat well, they don`t gain weight.
C) If she studies, she learns.	C) If plants don`t have enough water, they die

Algunas veces se pueden intercambiar los elementos del enunciado:

A) If you sit on the sun, you get burned.	A) You get burned if you sit on the sun.
B) If you eat fats and sugars, you get fat.	B) You get fat if you eat sugars and fats.
C) If she studies, she learns.	C) She learns if she studies.

The first conditional

El primer condicional se forma con el presente simple después de la conjunción **if** y el futuro simple en la siguiente clausula.

El primer condicional describe acciones que probablemente ocurran en el futuro.

If + presente simple ... will + infinitivo

Positive consequence
1. If I finish my homework, I'll go to the party tonight.
2. If I have enough money, I'll buy new clothes.
3. If I see the girls, I'll give them your message.
4. If Nancy plays, they will win the game.
5. If your brother arrives on time, I will talk to him.

Negative consequence
1. If it rains, I won't go to the park.
2. If he is busy, he won't have the chance to talk with you.
3. If you work, you won't have to worry about money.
4. If you invite your cousins, she won't go to the party.
5. If they lose the game, they won't receive their pay this week.

Algunas veces la cláusula del futuro puede estar al principio del enunciado

Positive consequence
1. She'll be late for her work if the train is delayed.
2. She will call you if she has any problem at school.
3. They will help you if you tell them your situation.
4. They will live in your house if you need someone to take care of your cats.
5. Danny will feed the dog if you stay in Mexico more time.

Negative consequence

1. He'll miss the bus if he doesn't wake up.
2. She'll go to jail if she doesn't pay on time.
3. They will lose the house if they don't pay the mortgage.
4. They will be late if they don't leave now.
5. They will lose the game if they don't score two goals.

The Second Conditional

El segundo condicional se forma con el pasado simple después de la conjunción **if** y la forma auxiliar **would** y después el infinitivo.

El segundo condicional describe acciones que pueden no ocurrir en el futuro. Algunas veces se utiliza para describir acciones que son imposibles en la realidad.

If + pasado simple ... would + infinitivo

Positive consequence
1. If I were an architect, I would design fantastic houses.
2. If they were good soldiers, they would defend the country.
3. If I won the lottery, I would buy a bigger house.
4. If he studied harder, he would approve the exam.
5. If I had his number, I would call him.

Algunas veces la cláusula con **would** puede estar al principio del enunciado

Positive consequence
1. She would travel to China if she were rich.
2. He would buy a new car if he had money.
3. He would play the guitar if he knew how to play.
4. I would take you to school, if I had the car.

5. Robert would go to the party with you, if he were a good husband.

Negative consequence
1. If I were you, I wouldn't ask him a favor.
2. If they were in the office, they wouldn't let the door open.
3. If they were your friends, they wouldn't leave you alone.
4. If they were happy with his work, they wouldn't look for another maid.
5. If the tournament were earlier, I wouldn't have time to play.

Negative antecedent
1. If she were not dead, we would live at her house.
2. If she were not your sister, she would be my girlfriend.
3. If they were not in your house, I would offer them mine.
4. If they were not your friends, we would help them.
5. If it were not so cold, we would play much better.

The third conditional.

El tercer condicional suele ser el más complicado de todos ellos.

Se forma con el presente perfecto después de la conjunción **if** y los auxiliares **would have** más el pasado participio del verbo de significación del enunciado.

El tercer condicional describe acciones que no ocurrieron en el pasado pero tú puedes imaginar que hubiera ocurrido en el futuro si esas acciones hubiesen tenido lugar.

If + pasado perfecto ... would have + pasado participio

Positive consequence

1. If she had studied, she would have approved the exam.
2. If they had worked, they would have earned money.
3. If Susan had known Peter better, she would have married another man.
4. If I had read the message, I would have arrived before.
5. If I had won the lottery, I would have paid my debts already.

Negative consequence

1. If we had taken a taxi, we wouldn`t have missed the plane.
2. If I had seen your brother, I wouldn`t have told him about your trip.
3. If they had won the lottery, they wouldn`t have returned to their old house.
4. If I had read that book, I wouldn`t have failed in my exam.
5. If Letty had gone to his party, her boyfriend wouldn`t have broken with her.

Algunas veces la cláusula con **would** puede ir al principio de el enunciado.

Positive consequence

1. She would have approved the exam if she had studied a little more.
2. Laura would have bought the car if she had received her check on time.
3. Mr, Smith would have gone to jail if his wife had presented a suit.
4. Loren would have eaten at home if her mother had been there.

5. Mike would have sung in the party if they had invited his girlfriend.

Negative consequence

1. We would have missed the plane if we hadn't taken a taxi.
2. We would have won the game if Toby hadn't failed the penalty.
3. I would have driven the car if my brother hadn't been sick.
4. She would have visited you if her mother hadn't been in the hospital.
5. We would have gone to the party if my brother had not fallen from the ladder.

Negative antecedent and negative consequence

1. If I wouldn't have seen your message, I wouldn't have known that there was a good movie on channel 4.
2. If he wouldn't have opened the case, he wouldn't have noticed that the key was missing.
3. If they wouldn't have told me, I wouldn't have brought this cake.
4. If they wouldn't have been in my house yesterday, I wouldn't have come today.
5. If the girl would not have given me this letter, I would not have had any reason to come to your house.

Bibliografía sugerida

Gramática Básica	Angeles Cardona C.	Edit. Bruguera 1975
Spanish Verbs Simplified	Edit. Hugo's Languages Books	1973
The Key to English Verbs	McMillan Company	1970
Gramática Española	J. L. Castro Dávila	1969
Gramática Española (Libro tercero)	Emilio Marín	Edit. Progreso 1936
Introducción a la Semántica	F. H. George	Edit. Fundamentos 1974
Larousse de la Conjugación	Ramón y Fernando García Pelayo y Gross	Edic. Larousse 1983
Método Cortina de Inglés	R. Diez de la Cortina	R.D. Cortina Company 1948
Manual Completo de Verbos	Prof. Jaime Garza Bores	Edit. Diana 1975
Diccionario de la Universidad de Chicago	Carlos Castillo y Otto F. Bond	Pocket Books 1973

Diccionario Moderno Larousse Inglés-Español Español-Inglés	Ramón y Fernando García Pelayo y Gross	Edic. Larousse 1983
La Clave del Inglés Escrito	Reader's Digest Mex.	1982
La Fuerza de las Palabras	Reader's Digest Mex.	1977
Gramática, Lengua, Estilo	Círculo de Lectores	1976
The Silent Language	Edward T. Hall	Fawcet World Library 1966

Printed in the United States
by Baker & Taylor Publisher Services